中國倫理思想研究文叢

三 編

王 澤 應 主編

第 **2** 冊

倫理與傳統倫理論集（下）

蕭 群 忠 著

花木蘭文化出版社

國家圖書館出版品預行編目資料

倫理與傳統倫理論集（下）／蕭群忠 著 — 初版 — 新北市：
花木蘭文化出版社，2015〔民 104〕
目 2+154 面；19×26 公分
（中國倫理思想研究文叢 三編；第 2 冊）
ISBN 978-986-404-231-9（精裝）
1. 倫理學 2. 道德
190.9208   104012126

ISBN- 978-986-404-231-9

中國倫理思想研究文叢
三 編 第 二 冊   ISBN：978-986-404-231-9

倫理與傳統倫理論集（下）

作　　者　蕭群忠
主　　編　王澤應
總 編 輯　杜潔祥
副總編輯　楊嘉樂
編　　輯　許郁翎
出　　版　花木蘭文化出版社
負 責 人　高小娟
聯絡地址　新北市中和區中安街七二號十三樓
　　　　　電話：02-2923-1455 ／傳眞：02-2923-1452
網　　址　http://www.huamulan.tw 信箱 hml 810518@gmail.com
印　　刷　普羅文化出版廣告事業
初　　版　2015 年 9 月
全書字數　261117 字
定　　價　三編 12 冊（精裝）新台幣 22,000 元

倫理與傳統倫理論集（下）

蕭群忠　著

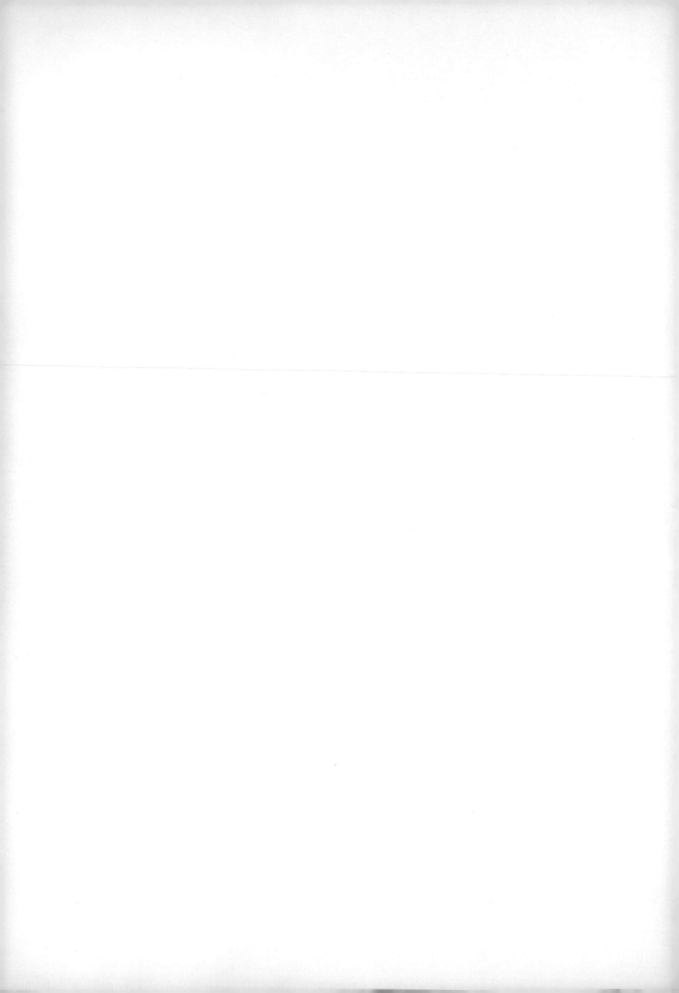

目

次

「國粹」與「國魂」——弘揚中華倫理價值與重塑民族精神

　　中國社會經過三十多年的改革發展，中華民族幾百年來的復興夢想終於看到了曙光，中華民族的偉大復興必然伴隨著中華文化的大發展和大繁榮。發表在《紅旗文稿》2010 年第 15、16、17 期的署名為雲杉的文章《文化自覺文化自信文化自強——對繁榮發展中國特色社會主義文化的思考》（以下為了行文簡便，將該文簡稱為「雲文」）全面論述了我國當代文化建設的相關問題，引起了社會各界的廣泛關注，文化建設、文化復興成為社會各界共同關心的時代主題。

　　國學研究的先驅學者高旭在其《南社啓》中有言：「欲存國魂，必自存國學始」，「國有魂，則國存；國無魂，則國將從此亡矣」。如果說後一句話有一種救亡圖存的急迫感的話，那麼，前一句話則道出了一個普遍的規律。本文此處所說之「國學」不是在民族特有之學問如經史子集或六藝之學的狹義上說的，而是「國學」之廣義理解即本民族的傳統文化。「國粹」是指本民族文化的核心與精華部分或基本的價值、倫理精神，而「國魂」是指國民精神、國家精神或民族精神。文化的核心是其價值規範系統，文化必然是某一種民族類型的，因此，本文欲討論的主題是：保存民族文化倫理精神，重新鑄造和弘揚民族精神和國家精神。

一、努力弘揚中華文化

　　要有真正的文化自覺、文化自信、文化自強，就有一個不能迴避的百年

老問題，如何看待我們本民族的傳統文化以及與西方文化的關係。當代思想家、儒者、教育家，被譽爲王陽明後第一人的香港東方人文學院院長霍韜晦先生認爲：當代社會「價值的顛倒來自文化的顛倒，文化的顛倒來自近幾百年來中西文化的易位」〔註1〕。「所有社會問題、現實危機其實都是西方文明所引發的問題，所以本質上是文化問題。」〔註2〕「全以西方之歷史進程爲標準。甚焉者，更以爲中國之所以不能走上現代化的道路，是傳統文化作梗，因此力主連根拔出，先求自己思想上之自殺，徹底自我否定，以便西方思想進駐，還美其名爲『愛國』、『救國』。不知愛國者必先愛自己之文化，救國者必先守護自己的文化，這便不能全依別人的格局作準。」〔註3〕這種觀點似乎偏激了些，仁智互見，還可以討論，但霍先生的這些文化反思批判觀點在新的歷史條件下，以其深刻的觀察分析，發人深省，提醒我們應該在當前重新思考一百年來的重大文化問題，即西方文化與中國文化的關係或者西方價值觀與中華價值觀的關係。毋庸諱言，近幾百年來，由於中華民族飽受欺凌，積貧積弱，加之西方文化的強勢，使我們也深受西方文化的影響，「這種影響不但是全方位的，而且是根本性的，它使得相當一部分人覺得中國的出路就在於走西方人的路。在這種心態下，近代西方文化所體現的現代性文化和精神，全面覆蓋和取代了中國原有文化的文化和精神」〔註4〕。近三十年來，在改革開放的過程中，我們又經歷了一次更爲深刻的、主動的向西方學習的歷史進程，所謂現代化似乎就是西方化，一切都要與西方接軌，不僅學習他們的技術、管理，引進他們的資金，而且在思想文化領域對西方的介紹、引進達到了百年來的高峰，不僅學術文化，而且衣著、影視、節日、民俗等文化的方方面面的引進，年輕人追求的時尚，所過的節日如聖誕節都是西方的。只要一聽是西方的，似乎都是好的。而只要一提是中國的，似乎都是保守落後的。文化是一個民族的靈魂，如果在發展的過程中，不能保持民族文化的獨特性，那麼，國將不國，民族也就不復存在了。

令人欣慰的是，隨著中國經濟建設取得舉世矚目的成就，民族自信心空前增強，使人們能夠在新的歷史條件下重新關照一下本民族文化，而不是一

〔註1〕霍韜晦，新教育，新文化〔M〕，北京：中國人民大學出版社，2010：73。
〔註2〕霍韜晦，新教育，新文化〔M〕，北京：中國人民大學出版社，2010：67。
〔註3〕霍韜晦，新時代，新動向〔M〕，北京：中國人民大學出版社，2010：4。
〔註4〕張汝倫，當代中國的文化命運〔N〕，文匯報，2010-08-28。

味地追捧西方。雖然經過近代以來一次又一次的反傳統風暴，再加上現代商業邏輯的侵蝕，中國文化的復興面臨相當不利的內外部條件，但是所有這一切都無法消除中國文化復興的可能性。當前社會各方取得了一個基本的共識，就是在中國經濟有長足發展，國力增強，中華民族及其文化出現復興曙光之際，我們在文化建設中，再不能採取民族虛無主義的態度，而是要繼承弘揚民族傳統文化。因此，在當前要用中華傳統的倫理精神和核心價值觀重塑時代精神和國家精神，必須對本民族文化有基本的禮敬和尊重的態度。

二、崇德精神是中華文化的「國粹」

那麼，中華文化的核心和精華究竟何在呢？中國文化復興的根據何在呢？

文化學理論的一個基本共識，就是認為價值觀念規範系統均構成一定民族文化的核心和靈魂。中華文化是一種倫理本位型的德性主義文化，其核心和精華體現為倫理精神和價值觀。正如「雲文」所指出的那樣：「文化的靈魂是什麼，就是凝結在文化之中、決定著文化質的規定和方向的最深層的要素，就是核心價值觀。」〔註5〕「雲文」還轉述羅素所說，「中國至高無上的倫理品質中的一些東西，現代世界極為需要」，「若能夠被全世界採納，地球上肯定比現在有更多的歡樂祥和」〔註6〕。中國文化從產生的時候起，就推崇德性，倡導恃德者昌，恃力者亡，這是我們祖先的信念。以天下為一家，以中國為一人，克己讓人，造福人類。這種重德主義、崇德精神是中華文化的「國粹」，是解決中國當下社會文化危機的良藥，也是中華文化對世界文化的獨特貢獻。

那麼，中華文化的核心價值觀、倫理精神也就是本文所說的「國粹」究竟包含哪些內容呢？在我看來主要包括如下幾個方面：群體與利他的價值導向；義以為上的道義追求；義務為本的責任意識；等差禮讓的人際倫理；人心為本的文化主體精神。

三、堅持群體利他的價值導向

倫理觀首先要解決的問題是群己關係。余英時先生在《群己之間──中

〔註5〕雲杉，文化自覺 文化自信 文化自強──對繁榮發展中國特色社會主義文化的思考〔J〕，紅旗文稿，2010，（15）、（16）、（17）。
〔註6〕雲杉，文化自覺 文化自信 文化自強──對繁榮發展中國特色社會主義文化的思考〔J〕，紅旗文稿，2010，（15）、（16）、（17）。

國現代思想史上的兩個循環》﹝註7﹞一文中指出，任何一個實際的社會，無論是傳統的或現代的，東方的或西方的，都不可能簡單地劃分爲純集體主義或純個體主義的形態。中國文化傳統中既有對群體價值的肯定，也不乏對個體價值的肯定，但從主流上來說，中國傳統更重視群體的秩序，認爲人只有在社會倫理關係中才會獲得自己的規定性、價值和尊嚴。而西方文化從其主流來看，則是一種個人本位的文化。

余英時先生認爲，個人、社會、國家都是西方近代的概念，傳統的中國不存在這樣的劃分。《大學》所謂的「修身、齊家、治國、平天下」，似乎是從「己」逐步向「群」的推廣。那麼，這個家族本位究竟是群體主義的導向，還是個體主義的導向呢？一般認爲，家庭相對於國家、社會，可能屬於私領域，但在筆者看來，家族卻是中國社會和國家賴以存在的社會基礎，它是一種特殊的集團，既是生活的、生產的，又是政治的，而且家是國的基礎，國是家的放大，因此，在我看來，家族本位相對於個體來說仍然是一種集體主義或他人主義價值導向，當然它也有可能與國家、社會發生衝突，但不可否認在傳統中國也有價值精神上的一致性。一般中國人認爲，能在家孝親必能在朝忠君，責任感一也，他人主義導向一也。因此，雖然傳統價值觀在群己之間呈現出較爲複雜的局面，但在我看來，中國傳統主流價值觀仍然是以群體主義爲導向的。利他主義就更是沒問題的。「仁者，人也」，「仁者愛人」，中國人的本質要在人際關係中去獲得規定和意義，「仁」是中國人信奉的第一德和全德，它教導人們要愛人即愛別人而不是愛自己。中國道德教導人們的就是要心有他人，時時處處爲他人著想，要「克己復禮」，要「仁以愛人，義以正己」，這些顯然都是利他主義導向的。

近幾百年來，中華民族的發展確實遇到了挑戰和困難，很多人在追求現代化的過程中，追隨西方，認爲似乎國運的衰退全是傳統文化的錯，因此，在群己觀的反思方面，就青睞於西方的個體本位，近代思想家嚴復以《群己權界論》來翻譯穆勒的《自由論》，譚嗣同、梁啓超等人要衝破綱常名教的網羅，就是要建立個人自主的意識。五四前後的中國思想界是極力倡導西方的個人本位價值觀的，而在 1923 年之後，中國社會確實仍然是以群體主義爲價值導向的，這是因爲民族面臨著救亡圖存的歷史任務，需要民眾爲民族、爲國家而團結起來，抗擊外來侵略，共產黨領導革命運動，殘酷的革命鬥爭和

﹝註7﹞余英時·現代儒學論〔M〕，上海：上海人民出版社，2010：189～193。

戰爭環境更需要工農大眾和共產黨員為了自己的解放和革命事業的勝利，而樹立為人民服務的思想，堅持集體主義精神，發揚毫不利己專門利人的利他主義精神。

新中國建立後，我們將為人民服務精神和集體主義原則長期作為我國社會的價值導向，在相當長時期內也取得了良好的效果。但改革開放以來，我們的這種核心價值觀受到了嚴峻的挑戰。隨著西方的資金、技術、管理的湧入，西方的價值觀也被引入中國，西學的強勢話語，人們思想上的崇洋媚外，經濟政策上的鼓勵全民致富，市場經濟社會的經濟成分多元、利益主體多元，這一切使西方的個人本位、私人利益的最大化得到了經濟制度和思想文化環境的強有力支持，深入到很多中國人的思想深處。官方意識形態雖然還沒有放棄甚至仍然倡導過去的群體主義或集體主義的價值觀，但這些在實際生活中已經難以發揮其作用了。實際上是個人主義、功利主義指導著中國人的生活與實踐。為了個人利益可以不擇手段，個人主義鼓吹的個人自由，使某些人為所欲為、冷漠、自私、封閉。

在當前的歷史條件下，重鑄中華民族精神，首先要倡導群體主義和利他主義的價值導向。道德的本質就在於心有他人，一個人一事當前先替自己打算何談道德？「仁者愛人」，禮者敬人、讓人，要從人際交往中培養人的責任感，逐步將這種對家人、朋友、同事的責任感上昇為對職業、民族、國家的責任感；要有同情心，要對人心存善意；要有忠恕之心，以己之心，度人之心，時常反思，「與人謀而不忠乎？」；要「克己復禮」，做事要遵守社會的道德規範，克制自己的私欲。國民道德和國民精神的形成確實離不開個體的修養，也同樣離不開社會文化的培育，因此，社會和國家應該注意用各種激勵和約束機制來倡導、推行群體主義和利他主義的價值觀。

四、堅持義以為上的道義追求

價值觀和倫理精神除了要解決群己觀問題外，一個更重要的問題就是義利觀。堅持義以為上，這是中華傳統價值觀的精華和民族精神。

所謂「利」一般認為是指物質利益，「義」就是倫理規範。義利觀就是道德原則與物質利益何者具有價值優先性的問題。宋代朱熹說：「義利之說，乃儒者第一義。」（《朱文公文集》卷二十四，《與延平李先生書》）儒家堅持重義輕利的價值觀，認為在利與義之間，義是更為優先與重要的價值。孔子說：

「君子喻於義，小人喻於利。」（《論語・里仁》）懂得把義放在第一位，見利思義的是君子；只知追求物質利益的是小人，這是君子和小人的分界。「富與貴，是人之所欲也；不以其道得之，不處也。貧與賤，是人之所惡也；不以其道得之，不去也。」（《論語・里仁》）他承認富與貴是「人之所欲」，但認為對富貴的追求應該合乎道義的要求，不可違背道義去追求富貴。孟子也講得很透徹：「非其義也，非其道也，祿之以天下，弗顧也；繫馬千駟，弗視也。非其義也，非其道也，一介不以與人，一介不以取諸人。」（《孟子・萬章上》）如果不符合義和道，就是把天下都給我作為俸祿，我連理也不理，好馬幾千匹，我看都不看一眼。必要的時候，甚至可以「舍生取義」。利最大、最根本的莫過於生命，如果面臨生命與道義兩者的價值衝突時，寧死也要保持義，可見把義的價值提到了一個無以復加的地位。

儒家的義利觀，不僅堅持「義以為上」、「舍生取義」的高標準，也倡導人們在日常生活中，「見利思義」，見得思義，以義統利。不管是獲取經濟利益還是政治利益，都要以是否符合義為標準。「君子愛財，取之有道」；「君子之仕也，行其義也」（《論語・微子》）。當然，強調「利」服從「義」，並不否定個人的正當物質利益，只是強調要「宜」、「適」、「得當」。對個人應當得到的正當利益，要盡可能滿足；不應得到的，就不可強求。問題不在於要不要個人利益、利益多少，而在於是否合理，是否正當。見利、見得不能忘義，而應思義。荀子說：「先義而後利者榮，先利而後義者辱。」（《荀子・榮辱》）如果是自己的正當勞動收入，那就當仁不讓，如果是以損人利己、以權謀私甚至是違法亂紀的手段獲得的利益，那就堅決不能伸手。

在當代中國市場經濟條件下，義利觀問題變得更加突出和重要。發展經濟、謀求個人利益的最大化，這是當代中國在發展市場經濟的條件下一段時期內的社會主導價值取向，這在一段歷史時期內或一定的生活範圍內也是有其必然性與合理性的，但如果將其片面化，對利益的訴求不用道義原則加以指導和規約，就會出現很多社會和人生問題。如社會生活全部「一切向錢看」，必然會帶來貪污腐敗，權錢、權色、錢色交易，使社會生活出現諸多弊病，也使很多人面對利益和金錢的誘惑喪失原則，從而給自己的人生帶來毀滅性的災難。大頭和三鹿奶粉事件、毒餃子事件，最近又出現了上海的有色饅頭事件，這一切以直接損害人們生命健康來謀取私人利益的惡劣行徑，究其原因還不是私欲膨脹、見利忘義所致嗎！這不僅引起了全體國人的不滿，也在

國際社會嚴重損害了中國的形象，如果中國社會還如此發展下去，人們的食品安全、生命安全都無法保證，有再大的經濟成就又有什麼用呢？

張汝倫先生認爲：「今天人類最大的問題，在於利字當先，以義服利，即以義爲利服務，義服從利。這樣一來，整個世界就沒有正義可言。當今人類之所以陷入經濟危機、環境危機、能源危機、道德危機、核擴散危機、社會公平危機等等，歸根到底，都是由於利先義後成爲普遍的行爲準則，人們利字當頭，不惜犧牲全人類的利益來滿足一己的利益。」〔註8〕人們的利益欲求是一種自然的欲望和本能，禮義之文化教化，就是爲了防止這種自然本能的漫延，這才是文化和精神文明，可是我們卻深受西方自由主義文化的影響，推崇人們對利益的追求和爭奪，終於導致了今天社會的種種問題和危機。因此，我們在當代社會應該大力弘揚中華民族的「義以爲上」的價值觀。

義利統一，應該成爲當代中國社會的價值選擇。發展不僅僅是經濟發展，而且是物質文明、政治文明、精神文明、社會文明的和諧發展，利益的謀取必須符合道德的要求，不能見利忘義，不能以損人利己等非道德的手段來獲取不正當的利益；作爲社會發展戰略，不能光注重效率，也要注重公平，這樣社會才會和諧穩定，才會實現可持續發展，才會不僅有高度的物質文明與經濟成就，也有高度的社會、政治與人的文明。

義以爲上，是主體人生選擇的價值追求。我們要尊重人民群眾的物質利益追求的合理性，但義利觀作爲一種價值觀，不是一個實然的人生事實問題，而是一個價值的選擇與追求問題。從人生主體的修養角度看，應該以「義以爲上」、「以義制利」爲主體人生選擇的價值追求。從消極的方面來看，堅持以義制利、見得思義、見利思義，可以防止我們在利益的誘惑面前犯錯誤甚至違法犯罪。在改革開放、發展市場經濟的社會歷史條件下，這一點顯得非常重要。當代社會各種利益的誘惑極大地激發了某些人人性中潛存的原欲，有的人在利益面前不能保持清醒的頭腦，重則以權謀私，鋌而走險，輕則見利忘義，爲了利益，可以不要人格，不要原則，不要精神，這種情況使一些人變成了經濟動物，失去了做人的精神氣象，使有的人從官員變成了階下囚。從積極方面看，堅持義以爲上可以提升我們的人生價值、人格尊嚴。作爲人確實離不開必要的利益，但一個人太利欲薰心，就可能得到一些小利，卻失去做人的尊嚴。而堅持義以爲上的人，就會在利益誘惑面前表現出其「出污泥而不染」的高尚情操

〔註 8〕張汝倫，當代中國的文化命運〔N〕，文匯報，2010-08-28。

與獨立人格，就會做「威武不能屈、富貴不能淫，貧賤不能移」的大丈夫，就會在利益面前做到像孔聖人所講的那樣，「不仁而富且貴，於我如浮雲」的境界，而安仁樂道，甚至在涉及義與利的尖銳對立而不能兩全時，做到「舍生取義」的境界。堅持義以為上的價值觀，可以增強我們做人的道德純潔性，形成堅強的道德人格，不僅在人生的長途中不會犯錯誤，而且會因義而樂，心態平和健康，達到「仁者不憂」和「仁者壽」的人生境界。

五、堅持義務為本的責任意識

權利與義務的關係問題，也是價值觀、倫理觀的重要問題，義務為本是中華文化核心價值觀的根本精神。如果說西方自由主義信奉「天賦人權」的話，中國文化則是主張「人賦己責」。中國倫理強調人際間各自盡自己的義務，即所謂「仁以愛人，義以正己」，也就是說要用惻隱、同情、親愛之心去愛別人，要用責任、義務來要求自己。傳統中國人最基本的人倫義務就是在家孝親，在朝忠君。中國文化強調士君子要以天下為己任，關懷民眾疾苦，實現社會公義。為天下人謀求利益和福祉，這被傳統士人看作是自己最大的倫理義務和責任。孔子自言其志：「老者安之，朋友信之，少者懷之。」（《論語‧公冶長》）又說君子的最高成就在於「修己以安百姓」（《論語‧憲問》）。墨子摩頂放踵，念茲在茲的則是「國家百姓人民之利」（《墨子‧非命上》）。愛國詩人屈原一句「長太息以掩涕兮，哀民生之多艱」（《離騷》）道出了自己憂國憂民的情懷。范仲淹之「居廟堂之高則憂其君」，可以說是對等級秩序的義的自覺，而「處江湖之遠則憂其民」則是對天下公義的自覺，唯有這種天下公義的超越意識，才使他「先天下之憂而憂，後天下之樂而樂」，也才使顧炎武喊出「天下興亡，匹夫有責」的時代強音。不僅一些統治階級的人物和士大夫以天下蒼生為念，把利濟蒼生看作是社會之正義，而且許多有俠義精神的人也仗義疏財、周窮濟困、「替天行道」，把這看作是一個有道德的人之所當為，也是天下之公義。

總之，中國傳統價值觀的核心和特點就是強調義務本位，也就是說義務相較於權利，是第一性的，人們應該努力先盡義務，再說權利，甚至作為一個君子是只講義而不言利和權的。「人賦己責」，這裡的「人」是指別人而非自己，是指人倫關係，人的本質既然存在於人倫關係中，人也只有在這種人倫關係中盡到自己的責任，才能被看作是人，那麼，不盡義務、只求索取的

人可能就是禽獸，人的責任是客觀的人倫關係賦予的，作爲這個人倫關係中的一員，就應該自覺地履行自己的義務，這是成就人格、做人的首務和天職。這種義務本位的思想，其內核就是強調個人應把對社會國家、家族、他人的奉獻當作人生價值的基本追求，那些憂國憂民、爲人民、國家作出重大貢獻或爲捍衛倫理原則作出貢獻的人都被稱讚傳頌。如人們直到今天仍在以過端午節吃粽子的民俗來紀念屈原的愛國主義精神，范仲淹的「居廟堂之高則憂其君，處江湖之遠則憂其民」、「先天下之憂而憂，後天下之樂而樂」的高尙精神，顧炎武的「天下興亡，匹夫有責」的名言至今仍然爲人們所傳誦，就是因爲這些言行眞正代表了中國的義務爲本的核心價值觀和倫理精神。

義務本位是「厚德載物」的中華民族精神的具體體現。何爲厚德？《周易》中有一個解釋：「勞而不怨，有功而不德，厚之至也。」漢人劉向在其著《說苑·復恩》中有一段表述，可以看作是對這段話的一個解釋。他說：「孔子說：『德不孤，必有鄰。』夫施德者貴不德，受恩者尙必報；是故臣勞勤以爲君，而不求其賞；君持施以牧下，而無所德。故《易》曰：『勞而無怨，有功而不德，厚之至也。』」中國古人十分欣賞這種「厚道」的品格，把它視爲人的一種美德。

時下，在日常生活中，似乎權利意識增強，義務意識淡化是一個不爭的事實。一事當前，人們不是「只耕耘，不管收穫」，而是權利優先，斤斤計較，不講奉獻，只講享受，以中國傳統價值觀看來，這恰恰是道德墮落的表現。這樣如何能推動社會主義事業的進步和人格的提升以及社會風氣的好轉？強調權利，必然要強調自由，在沒有自由傳統和民主習慣的中國，自由變成了任性、自私、貪婪，變成了爲所欲爲的非道德主義。當西方的某些有識之士已經看到自由主義文化正在走向窮途末路時，我們卻在不斷地鼓譟這種自由主義、享樂主義，使當代中國文化陷入一種低俗化的狀態，偏私、任性充斥了我們的生活，人們在享受似乎極大自由的假象中，陷入了深深的缺乏意義感和方向感的孤獨、寂寞之中。享樂主義並不能使我們幸福而且我們在享樂之後更加空虛，多元的社會使我們無所適從，這種自由主義文化所帶來的「現代病」在當代中國也已經出現。正如霍韜晦先生所說：「個人主義若無更高之理念配合，必然走向個體生命的冷漠和封閉，誰也不管誰，也管不了……表面上人人獨立，實質上人人封閉。」〔註9〕因此，在當前的核心價值觀與倫理

〔註9〕霍韜晦，新時代，新動向〔M〕，北京：中國人民大學出版社，2010：4。

精神重塑的過程中，還是要堅持倡導義務爲本的精神。這是我們民族的文化之魂，爲人民、爲社會、爲他人謀幸福、奉獻自己的精神和力量，將永遠是我們民族前進的內在動力，也是我們每個人獲取人生意義的根據，失去這些，中國人就不再是中國人，中國文化也就不再是中國文化。

六、堅持等差禮讓的人際倫理

西方價值觀不僅強調個體本位、利益追求、權利至上、自由無價，而且還強調平等。自由作爲一種價值觀，最初起源於基督教的人人在上帝面前都是平等的觀念，在西方文化中經過長期的演變，在法國大革命中，終於以「自由、平等、博愛」而成爲西方價值觀的系統表達。在我看來，在上帝面前人人平等是一種抽象的觀念，在世俗生活中，人人是否眞的平等或者應該平等、能夠平等，這還是另一個問題，最多只是以超越的平等觀念爲世俗人倫的平等提供一種理論。資產階級革命中的「平等」似乎主要是資產階級作爲一個階級在備受封建階級壓迫的情況下，爲了爭取本階級的地位，爭取本階級的利益和權利而提出的一種「集團性」、「階級性」的價值觀念和革命口號。它在產生之初並不是首先作爲道德觀念而是要調解人際間的日常生活和日常交往。當然也不可否認，後來這種「平等」觀念成爲了西方社會的核心價值觀。

中國倫理精神則是強調等差的。這種等差雖然也含有社會或階級的等級意識，但主要是作爲一種處理人與人之間關係的倫理精神和原則。儒家道德一是強調仁愛的主觀精神，一是強調禮義的客觀精神，但這二者都強調等差精神，如仁的實質雖然是「仁者愛人」，但這種愛是有等差別異的，它既不是墨家的兼愛，也不是不分差別的抽象的博愛或泛愛。儒家的仁愛強調等差之愛，即親親—仁民—愛物。儒家認爲，愛的這些層次、差等，表現了人的自然眞實感情，是由人的本性所決定的，乃是人的本性的有序擴散。在諸層次中，最核心的是親親，即愛父母。這是因爲「仁主於愛」，而「愛莫大於愛親」，故親親之孝乃是「行仁之本」。但儒家並不主張將仁愛止於親親，而是提倡將愛按層次層層推開，也提倡「泛愛眾」，以至於「天下一家，中國一人」，而達致「民胞吾與」，「仁者，以天地萬物爲一體」（《河南程氏遺書》卷二）之境界。但這種推擴卻是有順序、有先後、有差別的，如人首先要愛父母勝於愛妻子，愛家人要勝於愛他人，否則就會亂倫而不合儒家之等差之愛原則，從而是不道德的。這種仁愛的等差之愛，相較于謙愛與博愛，似乎在理論上

沒有它們高尚，但卻是符合人倫關係的實際的，有很強的可操作性和中國文化土壤的可接受性。

不僅愛人的思想情感是有等差的，而且對別人的行為上的義務和恭敬即「義」、「禮」也是有差別的，也就是說，人對別人盡義務，也是要根據人倫關係的親疏來決定的，不是對所有的人行同樣的義務。人的義務是由人的地位和身份決定的。「禮義」作為人合宜、適當的行為方式和行為規範，其本質更是用以確定不同人的「倫份」和「禮數」，也就是說禮的本質是一種別異精神即上下有等、尊卑有序、長幼有差。禮的根本精神、原則是「分」、「別」、「序」，即辨別、規定等級區分，使等級關係有序化。如果人人都按禮的規定，安於自己的等級地位，並尊重他人的等級地位，社會自然安寧。

中國倫理精神的這種別異等差精神是真實人倫關係的反映，是和而不同思想的體現，也是人們之間產生相互間道德義務的基礎。現實的人倫關係不平等是絕對的，平等是相對的，在政治生活中，如果沒有上、下區別，政治活動和管理活動實際上是無法進行的。在家庭生活中，父尊子卑、父主子從是由自然年齡、閱歷經驗、肉體和經濟上的養護關係、法權關係上的監護關係、精神上的教育關係所決定的，怎麼可能是完全平等的呢？在中國傳統倫理中，平等只是沒有血緣關係只有道義關係的「友道」，我們現在常常倡導父子要如朋友，師生要如朋友，這實際上體現了要把西方的平等價值觀或者中國的「友道」泛化在一切人倫關係中去的努力，這是西方價值觀影響中國一百多年來的巨大成果，但它是否是完全合理的，已經很少有人反思了。父子變成了平等的朋友，那麼父親能否對子女像朋友那樣想養就養，想不管就不管呢？如果師生完全變成了平等的朋友，那麼，教師施教的知識和人格的合法性何在？師道尊嚴何存？中國倫理精神強調人倫關係的等差，就是根據不同人的倫份，賦予了他們更加真實客觀和崇高的義務，如做父親、為人師長似乎很尊貴，實際上這是賦予了他們更多的人倫義務，父親不僅要養育孩子，而且「子不教，父之過」。老師之所以被儒家和中國傳統的核心價值觀放到了「天地君親師」的崇高祭壇上，就意味著他們有培育、發展人的精神生命的重任。要學高才能為師，身正才能為範，要愛生如子。父親可能因為「親不責善」而不能教孩子，君王因為學也有可能不高，身有可能不賢而不能教孩子，只有有才有德之人，才能為人師，如果沒有師道尊嚴，教育活動何以開展？我們今天倡導師生平等，將學生當作老師的客戶和上帝，讓學生消費並

享受老師付出的智力服務，這真是人倫秩序的大顛倒。

由上述論述可見，我們要認真反思自五四運動以來對西方平等價值觀的宣傳教化，吸取其合理的內在精神，而不是外在的扭曲理解。另外，要在新的歷史條件下，重建中國社會的人倫秩序，必須理直氣壯地倡導中國人倫關係的等差精神，這是中國「和而不同」哲學思想在人倫關係上的體現，「平等」是要求「齊一」，而等差則是強調「不同」，只有首先承認這個不同，各盡自己的倫理義務，才會實現「禮之用，和為貴」的有差別的和的狀態，各安其分，實現人與人之間關係的和諧。

西方價值觀強調個體本位、個人利益最大化、權利優先，必然鼓勵競爭，競爭是將對方置於與自己對立而非合作的立場上考慮問題的。如果競爭不能以道德的手段（由於利害關係，這種幾率可能是很高的）進行，競爭就變成了明火執仗的利益爭搶。競爭使當代中國人心浮氣躁，爭搶使人心力疲憊，帶來了普遍的道德缺失，人際關係緊張，社會風氣敗壞。讓我們通過幾個實例來分析一下。中國近年來開車的人越來越多，隨之而來的是交通事故頻發，統計數據顯示，我國每年車禍死亡人數為近六萬人、傷近六十萬人，成為中國人第四大死亡原因。在城市生活中，交通事故為什麼頻發？就是因為中國人沒有普遍的規則意識，道德素質低下，更為深層的原因就是這種爭搶的價值心理，任意變線、插隊，搶在別人之先，毫不顧及別人的路權和心理感受。日本核危機後發生了全國性的搶鹽風波，這真是讓國際社會笑掉大牙的事。在這個事件背後，我們可以看出，人們的這種爭搶心理所體現出的對短缺資源的佔有心理的不道德性。

中國傳統倫理，在人際觀上，恰恰強調的是禮讓而非爭搶。孟子說：「有禮者敬人」（《孟子·離婁下》）；「辭讓之心，禮之端也」（《孟子·公孫丑上》）。孟子的這種論述告訴我們，禮的實質和精神淵藪就是對別人的恭敬和辭讓，現代人且不論他有無愛人即「仁」的善意，首先應該從理性意志的角度做到消極性的對別人的尊重，如果目中無人，在人際交往的過程中，毫不顧及別人的權益和感受，隨便插隊、有利就搶，社會如何能有文明道德呢？禮不僅是敬，也是辭讓。辭讓不僅是一種態度，也是一種行為上的利益讓渡。它與爭是相反的，爭破壞人際的和諧，而讓恰恰能維持這種和諧。我國是一個「禮儀之邦」，這種禮儀之邦的人民不僅從外在方面表現出對別人的彬彬有禮的「禮儀」，而且必須體現為禮的恭敬和辭讓的「禮義」。因此，在當前社會條

件下，我們在正確提倡競爭價值觀的基礎上，應該吸取和弘揚中華核心價值觀的恭敬和辭讓精神，這樣才會使我們的社會更加和諧，人民的道德更加高尚。

七、堅持人心自律的主體精神

文化本質上是一種精神，是一種通過教化而達致的人文化成的境界，因此文化建設、社會文明的進步、道德的成長、社會秩序的形成主要是靠制度、法律等外在的他律呢，還是靠人心自律？這也是我們在當前文化建設中要重新反思的問題。

中國文化強調的是人和文化的主體精神，強調人的心性自覺，強調良心，強調「心法」，強調「得人心者得天下」，強調「王道」而貶抑「霸道」，強調「吾欲仁，斯仁至矣」的主體精神，強調「富貴不能淫，貧賤不能移，威武不能屈」的大丈夫精神，強調「三軍可奪帥也，匹夫不可奪志也」的人格獨立精神。總之，正如霍韜晦先生所說：「中國文化要建立的是內心的秩序，以良知作為人參與各種社會活動和文化活動的根據，說得好，是確立本源，點出人的存在的莊嚴；說得不好，是混淆了各種活動的特殊分位，把其他活動（例如政治）都看成是道德的延長。西方文化要建立的是客觀的秩序，以法制為根據，對人的權利和義務都作出清楚的規定，說得好，是進退有序；說得不好，是助長了人對外在形式的依賴，將導致人精神生活的萎縮。」〔註10〕霍先生的這一段話不僅指出了中西文化重視內、外自律與他律的不同特點，而且分析了其得失短長。

當代中國社會，西方文化的影響太強大了，有人甚至認為西方的一切都是好的，我們傳統文化的一切都是錯的，因此，在文化建設、社會治理所要依賴的手段和憑藉上都覺得西方重視客觀秩序的法制好，殊不知，西方文化不僅強調法治的力量，也強調宗教與道德的信仰力量和主體自律。在一段時期內，江澤民同志強調要把依法治國與以德治國結合起來，堅持治標與治本的統一，這實際上是一種正確的論述，可是，某些堅持法治客觀秩序的人，硬是要把這種正確的論述解釋為似乎要取消法制，要回到德治，似乎就是要回到過去時代的人治。在倫理學界，有一種理論，認為在現代民主社會中，不能給人提出較高的道德要求，否則就是一種道德上的專制，應該把道德上

〔註10〕霍韜晦·新時代·新動向〔M〕，北京：中國人民大學出版社，2010：21。

成聖成賢的選擇權利交給自己，愛做不做，聽便，人們只要做到一種「底線倫理」就行了，而且主張道德法律化。在筆者看來，這種化道德爲法律，實際上在某種意義上是取消了道德，似乎法律可以解決現代社會的一切問題。那麼，我們試問，現在中國立了那麼多的法，法制建設應該說是取得了顯著成就，社會上官員腐敗爲什麼還是屢禁不止？爲什麼三鹿奶粉、毒餃子、有色饅頭等見利忘義之事仍頻頻發生？兒子殺老子、學生殺老師這種在傳統社會聞所未聞的道德上十惡不赦之事爲什麼屢屢發生？這啓發我們必須重新反思社會治理和文化建設的手段問題。

　　文化本質上是一種精神，是啓發覺悟，轉化人心，影響行爲，改造社會的活動，文化力是一種軟實力，所謂軟實力就在於它是依靠人心的力量，而不是依靠體制和法律的客觀力量。道德區別於法律的根本特點就在於道德是人類精神的自律，是依靠內心信念發揮作用的，如果人心壞了，即使有再好再完善的外在制度也無濟於事。因此，我們在當前的文化建設與道德建設中，一定要重視中國文化的心性論傳統，注重社會教化，加強對所有社會成員的人生觀、價值觀、道德觀教育，改善教育方式，探索並遵循文化建設和道德建設的規律，發揮人在文化建設和道德建設中的主體能動性，啓發人的文化與道德自覺，把社會教化與個人修養結合起來，把道德自律與法律保障結合起來，內外標本兼治，才能取得精神文明和道德文明的進步。

（原載《道德與文明》2011 年第 3 期）

「禮義之邦」的禮義精神重建

　　任何時代、社會、國家都離不開社會教化與核心價值觀的確立與弘揚，這是整合社會秩序、培養公民素養的必要措施。在探討建立當代中國核心價值觀、進行公民道德建設的過程中，我們要吸取人類文明的一切優秀成果，其中自然包括中華民族的優良傳統。在中國古代，凡是重視外土即社會治理的學派都比較重視「禮義」精神的教化培養。如管子主張「禮義廉恥」為「國之四維」，荀子重視「隆禮貴義」等。在中華民族偉大復興之際，在努力弘揚傳統文化、重建當代中國核心價值觀與中國精神之時，非常有必要重建禮義精神，重樹「禮義之邦」的國家形象，以彰顯「文明之邦」的風采。

「禮儀之邦」與「禮義之邦」

　　近讀一文：「豈止一字之差——『禮義之邦』考辨」，該文通過大量統計資料與文獻考證，認為「禮儀之邦」之說是一個錯誤，應為「禮義之邦」。〔註1〕該文認為：「禮儀」一般就是指具體的禮節、禮貌或禮儀活動、禮儀形式。而「禮義」一詞所表達的內涵豐富博大，幾乎涵蓋了儒家關於人倫、天道、政治、社會、文教、風俗等諸多方面的基本精神。「禮儀」是「禮」的表現形式或具體儀式，其含義明確而單一。「禮儀」包涵在「禮義」之中，「禮義」的概念遠大於「禮儀」的概念。如稱吾國為「禮儀之邦」，無異於說「中國人只會打躬作揖」。在歷代文獻中「禮義之邦」的用例頗為多見，而「禮儀之邦」並無一例。王蒙先生近日更撰文說：「現在有人將『禮義之邦』，寫成『禮儀之邦』，

〔註1〕王能憲：《豈止一字之差——「禮義之邦」考辨》，《光明日報》2012 年 12 月 17 日。

這是完全錯誤的。禮義指的是規範與道理，而禮儀偏於形式。」〔註2〕但是，要從二者的內容實質關係的角度看，似乎不完全是一種種屬包含關係，而各有其相對獨立的意義。

「禮儀」是儀式、禮節的形式規定，指人在一定場景下的進退揖讓，語詞應答、程序次序、手足舉措皆須按禮儀舉止的規定而行，顯示出發達的行為形式化的特色。而「禮義」則是貫徹於禮之細節規定的核心價值和倫理原則。二者之間可能是起點與終點、外在與內在、行動與思想、表現與實質等既相互聯繫又相互促進的關係。

首先，「禮儀」是「禮義」的起點，「禮義」是「禮儀」的完成。儒家經典《禮記・冠義》篇有云：「凡人之所以為人者，禮義也。禮義之始，在於正容體，齊顏色，順辭令。容體正，顏色齊，辭令順，而後禮義備。以正君臣、親父子、和長幼。君臣正、父子親、長幼和，而後禮義立。」也就是說禮儀只是禮義的起始，而君臣、父子、長幼人倫秩序的形成才是禮義的完成。朱熹在《大學章句序》中說：「人生八歲，則自王公以下，至於庶人之子弟，皆入小學，而教之以灑掃、應對、進退之節，禮樂、射御、書數之文。及其十有五年，則自天子之元子、眾子，以至公、卿、大夫、元士之適子，與凡民之俊秀，皆入大學，而教之以窮理、正心、修己、治人之道。此又學校之教、大小之節所以分也。」這裡所說的小學的教學內容重在使少年掌握人倫禮貌，懂進退秩序、待人接物、為人處世的規矩以及生活須知甚至具體的行為技藝等等，類似於禮儀禮貌教育，這是起點，而大學則是掌握「明德，親民，止於至善」的道理，抽象地講可以理解為思想與義理教育，是隱含於內但又會指導人們外在行為、禮儀禮貌的思想與價值原則。朱熹曾說過：「小學者學其事，大學者，學其小學所學之事所以。」顯然教育不僅要人們能以合於禮儀禮貌的規矩去行事，還要懂得其禮義之理。

其次，二者是文飾與實質的關係。禮儀是「文」，禮義是「質」。《論語・雍也》有云：「子曰：『質勝文則野，文勝質則史，文質彬彬，然後君子』。」按字義，文，文采；質，質樸；彬彬，雜半之貌。清劉寶楠《論語正義》曰：「禮，有質有文。質者，本也。禮無本不立，無文不行，能立能行，斯謂之中。」孔子此言「文」，指合乎禮的外在表現，「質」，指內在的仁德，只有具備「仁」的內在品格，同時又能合乎「禮」地表現出來，方能成為「君子」。

〔註2〕王蒙：《寄希望於文化》，《光明日報》2013年8月19日。

如無對他人的尊重、禮讓的精神實質，那麼，禮儀就會成爲「作秀」的、形式化的、有名無實的表演。如果我們將這裡的「質」解釋爲禮的內在本質，「文」爲禮的外在文飾，那麼，「禮義」與「禮儀」就是這種內在實質與外在表現的關係。

再次，在某種意義上也可以說，禮儀與禮義是一種行動與思想的關係。因爲從實質內容的角度看，「禮儀」包含了人際與社會交往中的「禮儀」甚至是一些社會公德的內容，也包含了個人的文明禮貌、素質、修養等，這些大都要通過一定的固定化甚至形式化的行動表現出來；而「禮義」則是人內在的更爲深刻的道德價值理念與原則，這雖然最終也要化爲行動，但在更多的意義上則體現爲人內心的價值信念等思想形態。

最後，禮儀與禮義是禮教不可分離的兩個方面。沒有禮義之內在基礎，就難有禮儀的外在表現，外在表現正好證明了內在基礎的存在。中華民族的古代國家精神講求禮義，在國民與國風上就體現爲「禮儀之邦」，即是說我們有非常周全的人與人、國與國交往的禮貌風範和文明風氣。另一方面，只有先從行動與習慣入手，使國人形成良好禮儀風範，才會在思想中強化內在的禮義精神。雖然內在的深刻的道德從最終意義上決定著外在禮儀禮貌的道德實質，但外在的禮儀禮貌也起著以禮引德、彰德、護德的作用，登高必自卑，行遠必自邇，因此，我們也不應因禮義「精神」而否定禮儀之「行貌」。禮儀禮貌是文明的外殼，社會公德是道德的底線。

余秋雨先生非常重視「禮儀」在中國文化中的重要地位，他說：「按照獨特性和實踐性的標準，我把中國文化的特性概括爲三個『道』──其一，在社會模式上，建立了『禮儀之道』；其二，在人格模式上，建立了『君子之道』；其三，在行爲模式上，建立了『中庸之道』。」「所謂『禮儀』，就是一種便於固定、便於實行、便於審視、便於繼承的生活化了的文化儀式。設計者們相信，只要規範在，儀式在，裏邊所蘊藏的文化精神也就有可能存活，否則，文化精神只能隨風飄散。」「正是禮儀，使文化變成行動，使無形變爲有形，使精神可觸可摸，使道德可依可循。教育，先教『做什麼』，再說『爲什麼』。……禮儀在前，覺悟在後，已是君子。」〔註3〕余先生高度肯定了「禮儀之道」是中國文化的特色，闡明了禮儀對文化精神的固化、保存、弘揚的重要意義。可見，禮義之文化精神也離不開禮儀之形式化的行爲模式。

〔註3〕余秋雨：《何謂文化》，長江文藝出版社2012年版，第13、14、80頁。

「禮儀之邦」作為對一國、一地文明風氣和國人風貌的外在觀察與評價性語言，可能就有以「外」代「內」的意義，這也許是語言學上的約定俗成、將錯就錯的原因吧！但在今天重新弘揚「禮義之邦」的價值時，我們必須清楚地認識到，「禮義之邦」既重視一國之民接人待物恭敬揖讓、彬彬有禮，又重視為人處世堅持禮義原則，做到內在道德與外在禮儀的相輔相成。禮義是行為規範和道德準則，禮儀是禮節儀式；禮義是內在法則，禮儀是外在形式；禮義是本，禮儀是末。

「禮義之邦」作為一種總體性的評價語言，再抽象些，或者再有高度點，實際上就是指「文明之邦」。「文明」一詞，在中國古代始見於《周易‧易傳》，如象辭「文明以止，人文也」。陳來先生認為：「與近代漢語『文明』意義相當的語詞，在古代即是『禮』，換言之，古代中國文化的『禮』含有文明的意義。」〔註4〕因此，我們經常說我國自古以來就是「禮義之邦」，在某種意義上說就是文明之邦。當代中國，欲成為文明大國而不僅是經濟強國，就必須再塑「禮儀之邦」之文明風範，弘揚「禮義」國之精魂，使中華民族能以「文明之邦」的形象屹立於世界民族之林。

「邦」之精神與「人」之精神

一個民族的精神，可能會表現為「邦」之精神，即國家或社會所提倡的核心價值觀及對國民的根本道德要求，這主要是解決「世道」的問題，或者說是社會秩序問題；當然還包括民族成員或國民的主體精神和德性，這主要解決「人心」的問題，或者說解決民眾的安身立命問題。前者主要訴諸人的理性，後者則主要依靠人的情感。如《詩》序所說：「變風發乎情，止乎禮義。發乎情，民之性也；止乎禮義，先王之澤也。」當然「世道人心」又往往是相互聯繫與相互作用的。

在傳統中國，儒家內部，由於其內聖外王的立場不同，所重價值觀與德目也是不同的，如儒家內聖派注重仁孝誠信的德性，而外王派則是隆禮貴義的國家社會教化導向。孟子重視仁義，又在與告子的辯論中將義這種外在精神化「義」歸「仁」，他多從人性與德性方面考慮問題，將仁義的起源看作是人的「惻隱之心」、「羞惡之心」，又將仁義看作是一種家庭私人關係中的道德品質，如「親親，仁也」，「敬長，義也」。孟子所言仁義誠孝都是強調人的道

〔註4〕陳來：《北京‧國學‧大學》，北京大學出版社2012年版，第46頁。

德品質的。荀子則多從社會教化與制度設計的角度來強調禮義的價值。他把禮看作是人與人之間權利義務的「度量分界」，由於人性是惡的，有欲望爭奪，必以「禮義」來節制引導之，起禮義，製法度，從而形成人人知名分、守規矩的社會秩序。守正當之名分，就是荀子所理解的「義」。顯然，在荀子看來，禮義主要是針對社會制度、社會秩序和社會教化而言的，據此，他提出了「法先王、統禮義，一制度」（《荀子・儒效》），「禮義者，治之始也」（《荀子・王制》），「人之命在天，國之命在禮」（《荀子・強國》）等思想，荀子把禮提到了國之命的高度。管子則主張「凡人君者，欲民之有禮義也；夫民無禮義，則上下亂而貴賤爭」（《管子・版法解》）。也就是說統治者的主要責任就是要對民眾進行禮義教化，以防亂爭。管子更是把「禮義廉恥」看作是「國之四維」，即治理國家的四個根本因素。

20 世紀初葉，孫中山先生提出了新八德：即忠孝仁愛，信義和平。它不同於宋代提出的舊八德即孝悌忠信，禮義廉恥。有人研究得出結論，認為宋代強調家族本位，因此，孝悌受到重視，而在民國初年，我中華民族備受外族欺凌，因此，以忠為首德，體現出以國為本的導向。從上述分殊思維的角度看，忠孝仁愛，屬於個體層面的德性，而信義和平則是人與人、國與國之間交往所應遵守的道德規範。到了1934 年，國民政府在南昌發起「新生活運動」，在「八德」的基礎上，加上了「禮義廉恥」，成為他們長期推廣的核心價值觀，簡稱「四維八德」。顯然，「四維」是借用管子思想，從政治層面提倡的核心價值觀。當時政府試圖以「四維」整合思想、規範社會、振興民族。

黨的十八大報告提出，倡導富強、民主、文明、和諧，倡導自由、平等、公正、法治，倡導愛國、敬業、誠信、友善，積極培育社會主義核心價值觀。當代中國，正在進行核心價值觀的凝練和倡導，在意見分歧、暫時無法統一的情況下，官方文件採取了一種國家、社會、個體三維 12 句話的不同向度的表述，不管其內容如何，這種思維方式是明智而科學的。

有關價值觀與倫理道德問題，存在著國家、社會與個人之間的相互影響與互動，但它們之間確實也有區別，在分析與研究問題時，應該加以注意，使問題的討論不斷深化。上述三維 12 個價值目標或德目的概括，學界可能還會有不同意見，但這種分殊思維方法，得到了大多數人的肯定。從以上的討論中我們可以看出，在凝練概括當代中國的核心價值觀時，確實要從思維上注意是邦國之精神，還是對人的德性與交往之道的期待。

在現代倫理思維中，一般認為，重點應該關注國家對公民所倡導的基本價值，同時把崇高的個體德性追求讓渡給民眾，這是現代社會的民主特質的體現。當然，邦國精神與人的精神又是相互聯繫的，邦國所倡導的國家精神最終還要落實到民眾的品性與行為上，變成一種民族精神和國民性。因此，禮義在傳統中國不僅是邦國社會所倡導的價值觀，最終也形成了國民的品德和群體人格。樓宇烈先生認為：「『禮』是讓我們辨明社會中每個人的身份，明白與這個身份對應的責任和義務，然後按照所應承擔的責任和義務去做人、做事。」〔註 5〕這句話雖然是在說「禮」，實際內容卻準確地闡釋了「禮義」化作人的品質的精神實質，也是中國所謂「禮教」所要達成的最終目的，因此，這種「禮教」或「禮義之教」並不是「吃人的禮教」，而是「成人的禮教」，使人成為一個真正的、有道德的人，由這樣的人組成的國度必然會成為一個「禮義之邦」和「文明之邦」。反過來說，如果邦國所倡導的價值觀不能變成國人的倫理精神與行為品質，那就成了一紙空文。儘管如此，我們還是要在分析問題時注意區分國家社會教化與國民品質、邦國精神與人的精神的不同。

「禮義」仍應為當代之教

禮、義本為儒家等學派的兩個價值與道德範疇，其連用在先秦文獻中已經比較多見。「禮義」連屬，作為一個詞組，所表示的含義就有「禮義廉恥」、「禮義教化」、「隆禮貴義」、「以禮治國」等等，「禮義」是治國安邦要提倡的核心價值觀，是社會文明秩序的集中體現，是國民或公民在社會公共生活中應該履行的基本道德義務，是社會教化的重要內容。中國幾千年來一向以「禮義之邦」著稱於世，受到世界各國的仰慕和尊敬。可是近代以來，國人特別是一些激進知識分子在「五四」時期，將國家落後的原因歸咎於傳統文化，對「禮教」給予猛烈批判，認為禮教一無是處，必欲盡除而後快，禮義傳統遭受重創。實際上這種批判是過於情緒化的。不重視禮義之教，使我們與「禮義之邦」漸行漸遠，國人的道德形象和國家形象在世人面前受損。在經歷了百年曲折坎坷之後，在中華民族出現文化復興曙光的新形勢下，在實現中國夢的過程中，我們越來越深刻地體會到對國人進行禮義之教和重塑中國禮義之邦的國家形象的重要性，為此，就必須重申禮義的價值。

〔註 5〕樓宇烈：《儒家的禮樂教化》，《光明日報》2013 年 5 月 27 日。

　　《左傳》隱公十一年，君子謂：「禮，經國家，定社稷，序民人，利後嗣者也。」這段話非常明確地道出了禮對於國家治理、社稷安定、人民守序、未來發展的重要作用。《周禮·地官·大司徒之職》言教化民眾的方法和內容有十二個方面，其中前兩方面是：「施十有二教焉。一曰以祀禮教敬，則民不苟；二曰以陽禮教讓，則民不爭。」「子曰：『能以禮讓為國乎，何有？不能以禮讓為國，如禮何？』」（《論語·里仁》）孔子說，能用禮讓原則來治理國家，那還有什麼困難呢？不能用禮讓原則來治理國家，怎麼能實行禮呢？《禮記·鄉飲酒義》：「先禮而後財，則民作敬讓而不爭矣。」《荀子·勸學》：「《禮》者，法之大分，類之綱紀也。故學至乎《禮》而止矣。夫是之謂道德之極。」《荀子·大略》篇云：「人無禮不生，事無禮不成，國家無禮不寧。」《孝經·三才章》：「先王見教之，可以化民也。是故先之以博愛，而民莫遺其親；陳之以德義而民興行；先之以敬讓而民不爭；導之以禮樂而民和睦。」這段話明確指出，教民在私人生活中要有博愛德義，而在公共生活中則要敬讓不爭，導之禮樂則民和睦。顧炎武《日知錄·廉恥》：「禮義，治人之大法；廉恥，立人之大節。蓋不廉，則無所不取；不恥，則無所不為。」這些都表明禮義在傳統中國雖也有做人之意蘊，但主要體現為一種國家治理的核心精神與價值觀。

　　禮義是傳統中國社會所倡導的核心價值觀與倫理精神，那麼，在當代，它為什麼仍可以成為國家治理、社會教化的核心價值觀呢？在我們看來，就是因為禮義精神仍具有現代性與民族性。

　　現代生活的公共性更加凸顯，因此，倡導一種邦國天下精神更為必要。在一個公共生活不太發達的傳統精英社會，也許德性或個體美德對於社會更加重要，而在現代社會，雖然人的心靈或素質會影響社會文明程度，但更重要的是要公民承擔基本的倫理責任，社會和國家應該首先關注或弘揚公民在公共生活中的價值觀與道德規範，希望每個人成為一個遵紀守法、履行基本義務、尊重他人的公民。

　　上述禮義精神所倡導的實質價值導向與倫理義務，具有鮮明的民族性，是我們民族的優良文化傳統，對針砭、克服當代社會由於西方文化價值觀所帶來的消極影響具有重要意義。如果將西方的價值觀不加分析地全盤吸收，而拒斥中國傳統精神，這樣的核心價值觀可能會與中國的歷史經驗與民眾的文化心理相脫節，甚至造成誤導。如一味地強調自由、平等這些西方的基本

價值，可能僅會增強人的權利意識、個人意識；但倡導中國的禮義等差精神，則能增強人的他者與義務意識。建構中國當代的核心價值觀，不能脫離和拋棄中國的優良傳統，應堅持吸取古今中外的一切合理因素，「要把中國夢所代表的主流意識形態，與中國的傳統文化及世界一切先進文化資源結合起來」〔註6〕。

禮義精神的當代重建

通過對禮義精神實質的分析，我們認為要弘揚禮義的當代意義，重建禮義精神，必須在價值觀與道德觀上堅持如下兩個結合。第一，堅持等差倫理與平等倫理的統一。當代中國，平等價值觀深入人心，而等差倫理精神卻鮮有人敢提及甚至踐行，這是因為西方文化的強力滲透完全遮蓋了中國傳統倫理的基本精神，無論是在「五四」時期，還是新中國成立後相當長的歷史時期內，中國傳統倫理似乎都被視為封建主義的糟粕。加之中國共產黨領導廣大受壓迫者進行革命，也有一種平等的政治訴求，作為勞苦大眾代表的政黨自然在精神上強調人與人之間的平等觀念，革命黨執政後，就把這種在革命時期的平等政治訴求當作一種道德理想在全社會推廣。這對於改善黨和群眾、幹部和群眾的關係具有積極意義，男女平等的觀念也大致因婦女解放運動而普及。但在這樣一破一立的過程中，我們就無形地丟棄了傳統的等差倫理精神。

從平等觀念的起源來看，在西方，它一方面來自於宗教的在上帝面前人人平等的觀念；另外，還來自封建社會末期，資產階級的一種政治要求，即打破封建特權、自由競爭、自由貿易。在政治生活層面，強調每個公民在法律面前都應該是平等的；在倫理生活層面上，主張人在人格上都是平等的。在中國，平等觀念起源於勞動人民反抗封建壓迫與統治的陳勝吳廣起義中的「王侯將相寧有種乎」的吶喊，許多農民起義都主張「均貧富，等貴賤，殺盡不平方太平」，「天下男女，盡是兄弟姐妹」，要求實現「有飯同吃，有衣同穿」。這種民間的平等訴求在中國歷史上長期以來不絕於耳，不僅要平等，而且要公平正義。「無偏無黨，王道蕩蕩。」（《尚書·洪範》）給每一個人以平等的發展機會，舉賢不避親、不避仇。法律面前也要努力實現人人平等。「刑政平，而百姓歸之」（《荀子·致士》），公正的社會就是一個「至平」的社會。

〔註6〕王蒙：《寄希望於文化》，《光明日報》2013年8月19日。

　　上述平等觀念顯然有其進步意義，但在人與人的生存與交往中，又不可能是完全相同的。不同、差異或者說不平等、有等差是一種更趨真實的人際關係狀態。實際上，現實的人倫關係必然是等差和平等的統一，平等只是相對的，而等差則是絕對的。在理論上，恩格斯曾寫過《論權威》一文，承認在社會生活和人際關係中要有權威的存在，這實際上就是承認了人與人關係中現實的不平等，如果人與人真是完全平等的，那就不用再倡導平等價值觀和倫理觀了。因此，我們只能堅持平等與等差的統一。

　　堅持等差的倫理價值觀是否有合理性呢？我們的回答是肯定的，因為世界本身就是由有差異的人組成的，平等並非要求而且也不可能取消人與人在地位、年齡、角色、性別上的差異。「夫兩貴之不能相事，兩賤之不能相使，是天數也。勢位齊，而欲惡同，物不能澹則必爭。爭則必亂，亂則窮矣。先王惡其亂也，故制禮儀以分之，使有貧、富、貴、賤之等，足以相兼臨者，是養天下之本也。」（《荀子·王道》）人與人之間的倫理義務只能在承認這些不同的基礎上，倡導人從各自的角色出發主動承擔起自己的倫理義務，建立起合理的相待之道。「貴貴、尊尊、賢賢、老老、長長，義之倫也。」（《荀子·大略》）

　　我們自「五四」以來只注重批判等差倫理的不合理性，如它維護了封建等級制度和專制，壓抑了晚輩和下位者個性的發展，是「大利於長上而不利於幼下的」（蔡尚思語）。這種批判對於建立當代的平等價值觀發揮了重要的啟蒙作用，功不可沒，但似乎少有人反思這其中的片面性。說等差倫理觀維護了封建等級制度和封建專制，這種觀點與其說是一種批判，不如說是一種歷史描述，因為一定的社會基礎總要產生相應的倫理觀。即便說等差倫理壓抑了幼下的個性，可能有這方面的因素存在，但也不盡然。中國倫理的等差精神強調各按自己的倫理身份而盡自己的倫理義務，實際上處於上位的人不僅有地位和價值的尊榮，也有其更為深重的倫理責任，或者說，等差倫理是一種旨在強調各自角色責任的倫理。如父尊子卑、父主子從，已有「父父」是說父親首先要像個父親，盡父親的責任，才會有「子子」即子女也得像個子女即盡自己愛敬忠順的孝道義務。

　　幾十年來，片面強調平等帶來的負面影響隨處可見，現在子女都成「小皇帝」了，「家嚴家慈」都變成「我家老爺子、老婆子」了。為什麼當代社會會出現那麼多殺親案、滅門案、殺師案，甚至一個單位的副手殺正手、妻子

害丈夫等人倫顛倒的事，原因可能有很多，但與我們一味強調平等倫理觀或許有一些關聯，因爲人們不知道自己在人倫關係中是誰了，即自己的名分是什麼？責任又是什麼？因此才犯上作亂，人倫顛倒，禮崩樂壞。

第二，弘揚禮讓精神，抑制過分競爭。西方價值觀強調個體本位，個人利益最大化，權利優先，必然鼓勵競爭。競爭價值觀是以資源的有限性作爲假設前提的，競爭是將對方置於與自己對立而非合作的立場上考慮問題的。如果競爭不能以道德的手段（由於利害關係，這種機率可能是很高的）進行，就變成了明火執仗的利益爭搶。禮義之教並不絕對排斥競爭，而是要區分正當與非正當、文明與野蠻之競爭。《論語・八佾》篇云：「子曰：『君子無所爭，必也射乎！揖讓而升，下而飲，其爭也君子』。」即是說競爭也必是君子之爭。當今社會的過分競爭已使國人心浮氣燥、心力疲憊。爭搶帶來了普遍的道德缺失，人際關係緊張，社會風氣敗壞。中國近年來開車的人越來越多，隨之而來的就是交通事故頻發。據統計數據顯示，我國每年因車禍死亡人數近 6 萬人，傷近 60 萬人，十多年來一直居於世界首位，成爲中國人第 4 大死亡肇因。在城市生活中，交通事故爲什麼頻發？就是因爲中國人沒有普遍的規則意識，道德素質低下，更爲深層的原因就是這種爭搶的價值心理，任意變線、插隊，搶在別人之先，毫不顧及別人的路權和心理感受。

因此，在當前社會條件下，我們在正確提倡競爭價值觀的基礎上，應該吸取和弘揚中華核心價值觀的恭敬和辭讓精神，這樣才會使我們的社會更加和諧，人民的道德更加高尚。

（原載《江海學刊》2014 年第 1 期）

仁義信和民本大同——中華核心價值「新六德」論

習近平總書記指出：「培育和弘揚社會主義核心價值觀必須立足中華優秀傳統文化。牢固的核心價值觀，都有其固有的根本。拋棄傳統、丟掉根本，就等於割斷了自己的精神命脈。」〔註1〕這一論述著力強調了中華優秀傳統文化對於培育和弘揚社會主義核心價值觀的基礎地位和根本作用。究竟應該繼承中國古代哪些核心的優秀傳統文化呢？習近平總書記要求我們，「深入挖掘和闡發中華優秀傳統文化講仁愛、重民本、守誠信、崇正義、尚和合、求大同的時代價值，使中華優秀傳統文化成為涵養社會主義核心價值觀的重要源泉」。〔註2〕

一、中華核心價值觀的民族特色

習近平總書記最近指出：「價值觀是人類在認識、改造自然和社會的過程中產生與發揮作用的。不同民族、不同國家由於其自然條件和發展歷程不同，產生和形成的核心價值觀也各有特點。一個民族、一個國家的核心價值觀必須同這個民族、這個國家的歷史文化相契合，同這個民族、這個國家的人民正在進行的奮鬥相結合，同這個民族、這個國家需要解決的時代問題相適應。世界上沒有兩片完全相同的樹葉。一個民族、一個國家必須知道自己是誰，

〔註1〕習近平：使社會主義核心價值觀的影響像空氣一樣無所不在，《光明日報》2014年2月25日。

〔註2〕習近平：使社會主義核心價值觀的影響像空氣一樣無所不在，《光明日報》2014年2月25日。

是從哪裏來的，要到哪裏去，想明白了，想對了，就要堅定不移朝著目標前進。」〔註 3〕習總書記的上述講話精神特別強調指出核心價值觀要有民族特色，體現了高度的道路自信、理論自信、制度自信和民族文化自信。一個國家的核心價值觀是自己的文化身份標誌、文化內核和文化符號，有沒有屬於自己的核心價值觀是中國道路能否成立的前提條件，核心價值觀有無鮮明的民族特色也是其能否具有中國或中華特色，從而影響世界的重要基礎。越是民族的，越是世界的。也許正是在這一思想基礎上，習總書記要求我們深入挖掘和闡發中華優秀傳統文化講仁愛、重民本、守誠信、崇正義、尚和合、求大同的時代價值，使中華優秀傳統文化成為涵養社會主義核心價值觀的重要源泉。習總書記提出的這六個核心價值觀念與德目無疑是中華文化自古以來長期追求的核心價值與德目，無論是從內容還是從話語表達形式上看，它們確實都是具有中國特色的中華核心價值和德目，是中華民族和中國人民長期追求並實踐的。「講仁愛、重民本、守誠信、崇正義、尚和合、求大同」六個方面體現了傳統美德、政治理念、社會理想、民族精神方面的根本要求。一定的價值觀總是把自己認為有價值的東西作為目標去追求，這一方面表現為社會理想，而一定社會理想的實現都離不開整個民族全體成員的民族精神，也離不開一定的政治理念與政治實踐。正如習近平總書記 2014 年 5 月 4日在北京大學師生座談會上的講話中所指出的：「核心價值觀，其實就是一種德，既是個人的德，也是一種大德，就是國家的德、社會的德。國無德不興，人無德不立，如果一個民族、一個國家沒有共同的核心價值觀，莫衷一是，行無依歸，那這個民族、這個國家就無法前進。」〔註 4〕這段話明確地論述了價值觀與道德的關係，強調價值觀就是一種德，不僅是個人的德，也是國家、民族、社會的德，強調了價值目標與德行實踐的一致性，價值目標給道德指出了前進的方向，道德是實現價值目標的精神動力。習近平總書記提出的上述六個方面，既是中華民族長期以來形成的核心價值觀，也是中華民族個體與群體長期踐行的個人美德與民族道德，因此，我將之概括為中華核心價值「新六德」。

〔註 3〕習近平：「青年要自覺踐行社會主義核心價值觀：在北京大學師生座談會上的講話」，《光明日報》2014 年 5 月 5 日。
〔註 4〕習近平：「青年要自覺踐行社會主義核心價值觀：在北京大學師生座談會上的講話」，《光明日報》2014 年 5 月 5 日。

二、「新六德」的核心意蘊及其內在關係

在 20 世紀初期，孫中山先生在追求民族獨立、民族解放的過程中，深刻認識到道德問題的重要性。他在其《三民主義·民族主義》中指出：「要維持民族和國家的長久地位還有道德問題，有了很好的道德，國家才能長治久安。……所以窮本極源，我們要恢復民族的地位，除了聯合起來做成一個國族團體以外，也要把固有的舊道德先恢復起來。有了固有的道德，然後固有的民族地位才可以恢復。」〔註5〕基於這種認識，他批判吸收了中華傳統美德的核心內容，並根據當時的時代需要，提出了「忠孝仁愛、信義和平」的新八德以區別於宋代提出的「孝悌忠信、禮義廉恥」的舊八德。後來，在 30 年代，國民政府將「禮義廉恥」和「忠孝仁愛、信義和平」結合在一起稱為「四維八德」，長期作為他們的核心價值觀與道德加以提倡。一定的價值觀不僅是要宣傳提倡的，而且是要實踐的，因此，其表達就應該簡明扼要，易記才能易行。為了達到這個目的，我將習總書記提出的上述六條目十八字按其內在邏輯縮減為八個字即「仁義信和、民本大同」來概括表達，並認為這是習總書記根據優秀文化傳統和中華民族偉大復興的時代需要而提出的中華核心價值「新六德」。「新六德」的內在關係可以分為兩大類：道德德目，政治理念與社會理想。講仁愛、崇正義、守誠信是傳統美德的幾個最主要方面，即傳統「五常」德中的三德。尚和合包括和諧目標與合作精神兩個方面，是社會目標與道德精神的統一。而重民本、求大同則是基本政治理念和社會理想。前四條都具有「德性」性質，都可以簡化為一個字來表達，後兩者省去其動詞，並不影響其意義，因此，用「仁義信和、民本大同」八個字來概括中華核心價值「新六德」是恰當的。《易傳·說卦》有言：「立天之道曰陰與陽，立地之道曰柔與剛，立人之道曰仁與義。」仁與義是儒家立人道德的核心，在中國人的口頭語中也有一個常常連用的詞，叫「仁義道德」。按照韓愈的思想，「道德」只是一個範疇概念，而「仁義」才是道德的實質，因此在某種意義上，「仁義」就是道德的代名詞。比如，我們經常所說的「仁至義盡」、「殺身成仁」、「舍生取義」等都體現了這一點。這也說明，仁義是傳統美德中最核心的、源發性的兩個基本道德。仁是一個情感性的源頭，是仁者愛人的道德情感，是忠恕之道的思維方式和行仁之方，是奉行克己復禮的實踐規範，

〔註 5〕孫中山：《三民主義》〔M〕·廣州：廣東人民出版社，2007：72。

是追求「博施濟眾」的奉獻精神和高尚境界。讓世界充滿愛，按中國傳統概念表達就是讓世界充滿仁。義，則是傳統道德的另一精神淵藪，它是一種理性精神，是對社會秩序的追求，是對道義為先的價值觀的追求，是對義務為本的人倫責任的追求。仁義之所以是立人之道，就在於二者構成了道德的最根本的源發性的要素，其他道德可以說都是從這兩種道德中拓展出來的。相較於「愛國」、「敬業」、「友善」等具體領域的德目，仁義是更為基本的道德。沒有愛人之情感何談對人「友善」？沒有責任感、義務感，何談「愛國」、「敬業」？誠信，也屬傳統「五常」德之一，內誠於己、外信於人。誠者，天之道也；誠之者，人之道也。信德在傳統中國就受到高度重視，它是做人、處世、治國的根本，它是道德的堅守與完成，是否有內在道德，都要表現在言行上是否有誠信。講誠信，不僅是中華優秀傳統，而且在現代社會條件下顯得更加重要。現代社會市場經濟的間接性、社會生活的陌生人化、人際交往的公共化，使誠信成了現代社會正常運轉的基礎。誠信之德在現代社會不僅是一種美德，而且要通過加強誠信體系建設，用制度來加以強化。中國古代政治理念往往以倫理觀念為價值基礎，又要求政治為實現一定的道德目標服務。因此，講仁愛、崇正義、守誠信就不僅是道德，也必須貫徹體現在政治治理過程中，如要以仁愛之心行仁政，重民本。崇正義不僅是對正義精神與美德的追求，同時也要在政治治理上追求一種公平正義的社會秩序、道義為先的正義精神和每個民族成員以天下為己任的責任擔當。守誠信也是一樣，它不僅是做人之首務，更要貫徹到政治生活中去。人無信，固然不知其可，但政治也是無信不立。「子貢問政。子曰：『足食，足兵，民信之矣。』子貢曰：『必不得已而去，於斯三者何先？』曰：『去兵。』子貢曰：『必不得已而去，於斯二者何先？』曰：『去食。自古皆有死，民無信不立。』」（《論語・顏淵》）可見，孔夫子是多麼重視信用在政治與社會生活中的重要性。和諧是人類社會生存與發展的最高價值目標，歷史經驗證明社會在經濟、文化上的進步必須以一個穩定的社會秩序為基礎，另外，社會利益分配公平正義，人與人之間誠信友愛，社會風俗祥和淳美，甚至人與自然萬物和諧相處，是人們世代追求的價值目標和社會理想。這是因為和諧可以促進社會進步，保證人的幸福和個性得到自由全面發展。在中國社會實現從革命——建設時代向改革——發展時代轉型的過程中，在我們黨從革命黨轉變為執政黨的過程中，我們揚棄了過去的鬥爭哲學，適時提出了建設和諧社會的重要戰略決策，

得到了廣大人民群眾的衷心擁護和國際社會的普遍讚賞。和諧的目標必須通過人的合作精神來實現，培養和德是實現人和爲貴的實踐途徑。和諧社會的形成與建立離不開諸多經濟、政治、文化等客觀因素，比如經濟上的富裕和公平分配、制度上的合理安排、文化上的禮樂教化等，同樣也離不開公民身上所具有的和合道德品質。人是社會生活的主體，更是社會和諧的主體，離開了人的交往關係，社會和諧就無從談起。和諧社會的本質仍然是人與人之間的和諧，最終要體現爲公民的行爲方式和修養境界，有此才會有社會祥和、人民幸福、世風和美的那樣一種和諧社會的氣象。因此當我們努力建設和諧社會的時候，也應該加強公民的和德建設。人的道德品質是一種經常的、持久的行爲方式，是主體身上體現出來的某種境界和精神氣象。和德主要體現爲公民主體自我修養的中庸溫和，在人與人之間的友善親和，在組織與團體生活中的團結求和，在社會生活中的守禮達和。中庸、友善、團結、守禮就是和德在公民行爲方式上的體現，也可作爲社會建設和德的主要行爲準則和善惡評價標準，而溫和、親和、求和、達和則是公民和德的一種修養境界、性格特點。做事不要走極端，待人要友善，在集體生活中要注意加強團結，在社會生活中要守禮遵守規矩，這樣，就會形成一個人的溫和性格、交往中的親和力、群體生活中的求和心，最終達到社會與人際的和諧目標，從而通過和德把和諧眞正落到實處。建設和諧社會是社會治理的目標，以人爲本或以民爲本是基本的執政理念，世界大同、協和萬邦則是處理中國和世界關係的根本理念。民本是中國古代政治思想的基本理念，是政治活動最終追求的目標，是實現天下大治、社會和諧的根本。孟子曰：「民爲貴，社稷次之，君爲輕。」相比於國家社稷、君主，人民是最應優先受到重視的，「天視自我民視、天聽自我民聽」，爲人民是一切政治活動的根本目的、價值標準。民本思想不僅是思想家們的核心政治理念，更是很多清明的政治家所實際奉行的執政理念與政治實踐。如范仲淹之「居廟堂之高則憂其君，處江湖之遠則憂其民」，「先天下之憂而憂，後天下之樂而樂」；很多仁人志士都爲民請命，爲民謀利，即使戲劇「喬老爺上轎」中的縣官喬老爺也有一句著名口頭禪，「當官不爲民做主，不如回家賣紅薯」。民本思想的當代價值何在？第一，重民本有助於進一步深化以人爲本的執政理念。第二，重民本可以進一步強化官員爲人民服務的思想，提高執政道德責任感。弘揚民本思想要求幹部要進一步強化爲人民服務的思想，「情爲民所繫、權爲民所用、利爲民所謀」。第三，重

民本可以促進現代民主建設，密切幹群關係，提高執政水平。

我們黨歷來重視「從群眾中來，到群眾中去」的群眾路線，注重密切聯繫群眾，開展調查研究等工作方法。堅持以民爲本是中國共產黨取得政權和鞏固政權的有力法寶。幹部樹立重民本意識，必然會自覺密切幹群關係，保障民眾的民主權利，促進服務型政府的形成。「大同」則是古人最高的社會政治理想，它是中國古人的「中國夢」，正如習近平總書記最近指出的那樣：「實現中華民族偉大復興的中國夢，就是要實現國家富強、民族振興、人民幸福，既深深體現了今天中國人的理想，也深深反映了中國人自古以來不懈追求進步的光榮傳統。」〔註6〕按照習總書記的上述論述，中國夢的理想也一定是植根於中華優秀文化的深厚土壤中的，換句話說，「大同」理想是中國夢的優秀傳統文化根基，弘揚「求大同」的優秀文化傳統不僅能增強全民對「中國夢」的歷史意義的認同，而且會體現出「中國夢」的和而不同與和平主義的本質。古人在求大同的社會理想方面有著很多價值共識，這即是：追求人際關係的融洽、社會的均平和諧以及國家的和平強盛。孫中山在民族主義、民主主義、民生主義的「三民主義」之中，特別強調「民生主義」，即完成民族解放和實現政治民主之後把以平均地權爲基礎的「民生主義」作爲落腳點。他要建成的是「民有、民治、民享」的現代社會，而「民享」則顯示了他對傳統中崇尚均平和共享的「大同社會」的價值理念的繼承。另一方面，孫中山更是堅持了世界大同的和平主義思想理念。他指出：「中國更有一種極好的道德，是愛和平。現在世界上的國家和民族只有中國是講和平，外國都是講戰爭，主張帝國主義去滅別人的國家。……這種特別好的道德，便是我們民族的精神。我們以後對於這種精神不但要保存，並且要發揚光大，然後我們民族的地位才可以恢復。」〔註7〕他明確把「和平」作爲他所提倡的「忠孝仁愛、信義和平」的「新八德」的重要內容。中國夢不僅是富裕夢、強國夢，而且是文化夢、道德夢。正如習近平總書記在最近的演講中明確指出的那樣：「實現中國夢，是物質文明和精神文明均衡發展、相互促進的結果。沒有文明的繼承和發展，沒有文化的弘揚和繁榮，就沒有中國夢的實現。

中華民族的先人們早就嚮往物質生活充實無憂、道德境界充分昇華的大同世界。中華文明歷來把人的精神生活納入人生和社會理想之中。所以，實

〔註6〕習近平：「在聯合國教科文組織總部的演講」，《光明日報》2014年3月28日。
〔註7〕孫中山：《三民主義》〔M〕·廣州：廣東人民出版社，2007：76。

現中國夢，是物質文明和精神文明比翼雙飛的發展過程。隨著中國經濟社會不斷發展，中華文明也必將順應時代發展煥發出更加蓬勃的生命力。」〔註8〕中國夢更是和平夢、世界夢。中國的大同理想，在追求天下邦國文明的態度上，一直主張王道、反對霸道，追求和平主義，因此，中國夢所追求的崛起與發展是一種和平崛起、和平發展，而不會走逢強必霸的某些西方列強的老路。中國的和平發展只會爲世界帶來機遇與發展，而不是威脅與危害。協和萬邦一直是中國人的追求，和平主義一直是中國的民族特性。中國的和平夢因爲其對和平價值的珍視與實踐，也必將成爲受世界人民認同和歡迎的世界夢。同一個世界，同一個夢想，這就是 2008 年北京奧運會向世界發出的中國聲音。習近平最近在德國的演講中明確指出：「中華民族是愛好和平的民族。一個民族最深沉的精神追求，一定要在其薪火相傳的民族精神中來進行基因測序。有著五千多年歷史的中華文明，始終崇尚和平，和平、和睦、和諧的追求深深植根於中華民族的精神世界之中，深深溶化在中國人民的血脈之中。中國自古就提出了『國雖大，好戰必亡』的箴言。『以和爲貴』、『和而不同』、『化干戈爲玉帛』、『國泰民安』、『睦鄰友邦』、『天下太平』、『天下大同』等理念世代相傳。中國歷史上曾經長期是世界上最強大的國家之一，但沒有留下殖民和侵略他國的記錄。我們堅持走和平發展道路，是對幾千年來中華民族熱愛和平的文化傳統的繼承和發揚。」〔註9〕

三、「新六德」與社會主義核心價值觀的關係

　　「在當代中國，我們的民族、我們的國家應該堅守什麼樣的核心價值觀？這個問題，是一個理論問題，也是一個實踐問題。經過反覆徵求意見，綜合各方面認識，我們提出要倡導富強、民主、文明、和諧，倡導自由、平等、公正、法治，倡導愛國、敬業、誠信、友善，積極培育和踐行社會主義核心價值觀。富強、民主、文明、和諧是國家層面的價值要求，自由、平等、公正、法治是社會層面的價值要求，愛國、敬業、誠信、友善是公民層面的價值要求。這個概括，實際上回答了我們要建設什麼樣的國家、建設什麼樣的社會、培育什麼樣的公民的重大問題。」〔註10〕那麼，如何理解社會主義核

〔註 8〕習近平：「在聯合國教科文組織總部的演講」，《光明日報》2014 年 3 月 28 日。

〔註 9〕習近平：「在德國科爾伯基金會的演講」，《光明日報》2014 年 3 月 29 日。

〔註10〕習近平：「青年要自覺踐行社會主義核心價值觀：在北京大學師生座談會上的講話」，《光明日報》2014 年 5 月 5 日。

心價值觀與上述中華民族核心價值觀的關係？按照習總書記的相關論述，一方面，社會主義核心價值觀是對中華優秀傳統文化、世界文明有益成果的繼承與超越。他說：「我們提出的社會主義核心價值觀，把涉及國家、社會、公民的價值要求融為一體，既體現了社會主義本質要求，繼承了中華優秀傳統文化，也吸收了世界文明有益成果，體現了時代精神。富強、民主、文明、和諧，自由、平等、公正、法治，愛國、敬業、誠信、友善，傳承著中國優秀傳統文化的基因，寄託著近代以來中國人民上下求索、歷經千辛萬苦確立的理想和信念，也承載著我們每個人的美好願景。」〔註 11〕另一方面，社會主義核心價值觀必須立足於中華優秀文化傳統這個民族文化土壤之上，從中汲取營養，否則就不會有生命力和影響力。習總書記指出：「中華文明綿延數千年，有其獨特的價值體系。中華優秀傳統文化已經成為中華民族的基因，植根在中國人內心，潛移默化影響著中國人的思想方式和行為方式。今天，我們提倡和弘揚社會主義核心價值觀，必須從中汲取豐富營養，否則就不會有生命力和影響力。比如，中華文化強調『民惟邦本』、『天人合一』、『和而不同』，強調『天行健，君子以自強不息』、『大道之行也，天下為公』；強調『天下興亡，匹夫有責』，主張以德治國、以文化人；強調『君子喻於義』、『君子坦蕩蕩』、『君子義以為質』；強調『言必信，行必果』、『人而無信，不知其可也』；強調『德不孤，必有鄰』、『仁者愛人』、『與人為善』、『己所不欲，勿施於人』、『出入相友，守望相助』、『老吾老以及人之老，幼吾幼以及人之幼』、『扶貧濟困』、『不患寡而患不均』；等等。像這樣的思想和理念，不論過去還是現在，都有其鮮明的民族特色，都有其永不褪色的時代價值。這些思想和理念，既隨著時間推移和時代變遷而不斷與時俱進，又有其自身的連續性和穩定性。我們生而為中國人，最根本的是我們有中國人的獨特精神世界，有百姓日用而不覺的價值觀。我們提倡的社會主義核心價值觀，就充分體現了對中華優秀傳統文化的傳承和昇華。」〔註 12〕實際上，習總書記的上述論述就是對他所提出的中華核心價值「新六德」相關內容的展開論述。如「仁者愛人」、「與人為善」、「己所不欲，勿施於人」就是講仁愛；「民惟邦本」就是

〔註11〕 習近平：「青年要自覺踐行社會主義核心價值觀：在北京大學師生座談會上的講話」，《光明日報》2014 年 5 月 5 日。
〔註12〕 習近平：「青年要自覺踐行社會主義核心價值觀：在北京大學師生座談會上的講話」，《光明日報》2014 年 5 月 5 日。

重民本；「言必信，行必果」、「人而無信，不知其可也」就是守誠信；「君子喻於義」、「君子坦蕩蕩」、「君子義以爲質」、「天下興亡，匹夫有責」就是崇正義；「天人合一」、「和而不同」、「德不孤，必有鄰」、「出入相友，守望相助」就是尙和合；「大道之行也，天下爲公」、「老吾老以及人之老，幼吾幼以及人之幼」、「扶貧濟困」、「不患寡而患不均」等就是求大同。可見，社會主義核心價值與中華民族核心價值「新六德」是一個相互支持的關係，前者是對後者的繼承超越，後者是前者的源頭活水和生命力、影響力所在，因此，在培育和弘揚社會主義核心價值觀的過程中，注重弘揚培育中華民族核心價值「新六德」，會進一步增強民眾對社會主義核心價值觀的認同和接受。

（原載《道德與文明》2014 年第 5 期）

傳統道德與現代幸福生活

　　道德是價值觀的核心，而價值觀則是一定民族文化的核心與靈魂。中國傳統文化更是一種倫理本位的文化。在建構與弘揚當代中國的核心價值觀時，一定要吸取民族文化中的優良道德傳統，傳統道德是建構當代中國核心價值觀的重要資源，是指導當代中國人幸福生活、安身立命的重要觀念與規範。對於建設和諧社會及人際關係，對於提高中華民族的道德素質必將發揮重要作用。

　　幸福是人的物質和精神需要得到滿足後的主觀愉悅體驗，幸福不僅是GDP 的增長，物質生活水平的提高，更是精神的幸福，心靈的安寧，按古希臘哲學家伊壁鳩魯的說法就是「身體的無痛苦，靈魂的無紛擾」。按馬克思的說法，就是「人的體力與精力都得到充分發揮」。對幸福可以給出各種解釋和定義，幸福是倫理學一開始並始終高度關注的問題，倫理學的鼻祖亞里士多德在其《尼可馬可倫理學》中就是以幸福作為其倫理學的邏輯起點和終點，而以道德爲實現幸福的核心。可見眞正的幸福離不開道德，道德應該促進民眾的生活幸福！

　　爲什麼我們現在物質生活已經比較富裕幸福，但人們還會有「你幸福嗎？」這樣的疑問，在我看來，就必須在精神生活層面去找原因，因爲幸福不僅是物質生活幸福，而且也是精神生活幸福。精神不幸福，即使物質幸福了人們可能還是感到不幸福，吃穿住行再好仍然感到不幸福。這種精神原因在我看來，就是當代社會生活中失去了道德，而離開了道德的生活不僅會帶來社會秩序的混亂，而且會使人的心靈秩序失範，而六神無主、無法安身立命。有一項研究認爲，人均年收入超過三萬七千元後，幸福指數的提高將不

再依賴經濟收入水平，人們更加關注精神層面的東西。據此，筆者認爲，目前要提高人民群眾的生活質量和幸福指數，重要的是提高人們的道德素質。生活離不開道德，道德要面向生活，爲了創造幸福美好的生活，我們必須要有道德。道德是幸福生活的必要條件與保障，甚至是幸福生活本身。

一、道德是幸福生活的重要條件與保障

道德就是人與人相互交往中應該遵守的規範，以及個人的品質、人格、情操、素質。廣義上道德還應包括社會秩序、社會風氣和個人的人生觀、價值觀等等，它可以說是人的處世之道、行爲之方、心靈之素。

道德的作用，不僅是實現社會教化與治理，維持社會秩序的精神規範力量，更是人民群眾生活中不可或缺的要素。生活離不開道德，道德要面向生活，面向民眾，面向實踐。

建設當代中國社會的道德，這不僅關係到中國社會的文明狀態、國際形象、社會和諧穩定，更關係到老百姓的生活幸福。道德是官方教化倫理與民眾生活倫理的有機統一。從自上而下的教化倫理的角度看，教化者自然是主體，如果從民眾生活倫理的角度看，每個人都是自己生活和倫理的主人。因爲如果沒有道德，我們的幸福生活將是不可能的。近年來相繼發生『毒奶粉』、『瘦肉精』、『地溝油』、『染色饅頭』等事件，這些惡性的食品安全事件足以表明，誠信的缺失、道德的滑坡已經到了需要警醒的地步。而且，它直接影響到了民眾的生活。吃是最大的民生，民以食爲天，食以安爲先。如果食品安全沒有保障，那麼，人民群眾的基本生活就無法進行。另外，彭宇案、藥家鑫案、大興滅門案，校門前綁架小孩案、殺師案、小悅悅事件，這些惡性案件的發生與傳播，使人們對我們社會的道德產生了深深的焦慮和不安全感。

幸福生活離不開道德。第一，文明良好的社會秩序是幸福生活的必要條件，而這種文明社會風氣恰恰是由道德決定的。如開車、坐車要守規矩，否則我們的人身生命安全都沒有保證，中國連續十年因車禍死傷人數一直在全世界居第一位，與其說是車禍，不如說是人禍或德禍。又比如，如果人們缺乏見義勇爲，扶危濟困精神，我們的社會就不會具有人道精神，而人的幸福更無從談起。第二，和諧人際關係、人倫義務與道德是幸福生活的保障。中國傳統倫理要求人們在五倫關係中，各盡自己的義務，人是社會性的動物，只有人與人相互尊重和愛護，讓人們充滿愛的奉獻，這個世界將會變成美好

的人間。第三，正確的人生觀與價值觀是人生得以平安幸福的主體前提。義利觀使我們一生福安，理欲觀使我們心理平衡。當代社會，很多高官因貪腐落馬甚至性命不保，令人歎惜，他們的智商不可謂不高，但其德商太低，未能處理好義利問題而丟了性命。據聯合國教科文組織的一個研究報告說，現在全世界有百分之一的人得抑鬱症，為什麼？在我看來很多人都是沒有解決好理欲觀問題，不能以理化情，心平氣和，而是憂鬱、焦慮，這如何能幸福呢？第四，道德使人們獲得一種心安理得的平衡感，會獲得一種道德幸福的滿足感，贈人玫瑰，手留餘香，仁者壽，智者樂，「達則兼濟天下，窮則獨善其身。」「君子素其位而行，不願乎其外」。常懷一種平常心，淡泊明志、寧靜致遠，又如何能不幸福呢？

二、在傳統道德中尋找幸福與安身立命之術

為什麼要在傳統道德中去尋找人民的幸福與安身立命之術呢？這是因為在我看來，在指導當代中國人精神生活的三種價值資源中，主流道德對人民群眾的生活的影響作用日益弱化；西方道德近百年來在發揮啟蒙積極作用的同時，也產生了很多負面的影響。中國傳統美德是影響調節當代中國人生活的重要要素。所謂主流道德是指在我國社會佔據統治地位的社會主義思想道德體系，由於它產生於革命時期，內容局限於政治道德領域，因此與當代民眾的日常生活有一定的脫節，因此，其對民眾生活的指導作用實際上是日益削弱了。

近三十多年來，對人們的生活實際發生影響的價值與道德觀念，是來自於西方的功利主義、個人主義、拜金主義、享樂主義，這些才是某些人實實在在奉行的主導價值觀，很多道德的亂象實際上都是這些觀念所引發的。

功利主義，一切向錢看，過去是為人民服務，現在是為人民幣服務，全是錢惹的禍。為了錢可以做貪官，為了錢可以做奸商，為了錢可以做刁民，為了錢可以不要做人尊嚴，肉體人格都可以出賣，為了錢，可以殺人越貨，鋌而走險；不亦而足。似乎國人都是孳孳為利的「跖之徒」（小人）。時代世風也都變成「唯利是圖」了。個人主義、自私自利使人倫喪盡，圖利謀利使個人私欲無限膨脹，為了一己私利和私念，毫不顧及別人，在人倫關係上，可以說這些年出現的諸多殺親滅門案、殺師殺人案令人觸目驚心。如李磊僅因為家庭從小教育環境較差，在家庭感到壓抑就一舉殺了父母、妻子、妹妹、

兩個孩子一家六口。校園裏的殺師案不僅有中國政法大學的大學生殺師案，在中學裏也有多起案件。藥家鑫車禍撞人竟然為了逃避追究，將受害人殺死。還有幾起犯罪分子針對幼兒園和小學的幼童作為報復社會的對象，這些案件都暴露了無道德的人性是多麼墮落和危險，正如孟子所說「上下交征利，則國危矣。」（《孟子·梁惠王上》）拜金主義、享樂主義，使中國社會出現了很多光怪陸離的事。出現了「用身體寫作」的「美女作家」，出現了搔首弄姿的「芙蓉姐姐」，「坐臺」、「三陪」、「二奶」、「小三」，從悄悄流行到發展成為一門職業。金錢至上，追求享樂之風把中國傳統社會流傳了幾千年的「禮義廉恥」等道德價值觀掃地出門。競爭本來是基於人的本性的自然現象，是以資源的稀缺性和人性的貪婪為前提的自然規律，實際上競爭就是經濟與日常生活中的鬥爭與戰爭，這種不鼓勵都會有的自然本性卻被作為正面的價值加以倡導，這與荀子要以義與禮來節制欲與爭的思想是大異其趣的。過度競爭使人們的生活充滿了激烈、刺激、緊張和焦慮，卻失去了寧靜、和諧、安祥，更失去了禮的辭讓精神。

傳統道德一般是指以儒家倫理為代表的，一直到民國建立前長期影響國人的傳統社會形成的指導中國人生活的人生價值觀念、人際交往之道與行為規範、個人的價值信仰與品質人格的總和。它為中國人提供了生活的正確價值觀、交往之道和安身立命之術。傳統文化和傳統道德在現代中國的命運可以說是坎坷曲折。在五四運動「打倒孔家店」的過程中受到批判，1949 年後又被作為封建意識形態而否定，改革開放後學術界重新反思與研究，時下民間高度重視。2001 年中共中央《公民道德建設實施綱要》提出「社會主義道德要與傳統美德相承接」，這是官方最高的肯定提法。

中國傳統道德之所以延續兩千多年，還有其生命力就在於，它與民眾的生活有密切的聯繫，是做好人、做好事，建立有情有義的人倫關係，建立穩定和諧的社會秩序、過美好幸福生活的內在需要。它使民眾生活道德與官方的教化道德有高度的一致性，比如，封建統治者要培養忠臣，但忠臣必求於孝子之門，家國同構，忠孝一體，儒家道德不僅是官方的統治思想，更是深入民心的價值觀念和行為規範，這一歷史的經驗非常值得我們當代人深思。中央適時提出了我們的道德建設要面向生活、面向實際、面向民眾，希望能把此方針真正落到實處。

傳統道德的現代作用在我看來，最重要的就在於它可以指導民眾的庸常

生活和日常道德實踐。根據這樣的思路，我們對我國傳統道德資源，雖也要拋棄其封建國家政治倫理的糟粕，但對其個體道德、家族道德與社會道德中的合理成分，都要加以繼承弘揚。如傳統社會生活中講忠誠於事、忠誠於人的精神，行業道德的講究信譽、勤勉敬業精神，講究人際之間的誠信精神，家族道德中的講究親情孝道，和睦團結的精神，個體道德中講究個人修養、追求美德的精神，全社會的講究禮儀、維護秩序的精神等等都是可以批判繼承的。涉及人類基本道德的一些普遍資源更是可以直接繼承如「己所不欲，勿施於人」、「己欲立而立人，己欲達而達人」的忠恕之道，仁愛他人，講究義務責任，天下為公等。

三、弘揚傳統美德促進現代幸福生活

既然主流道德和西方道德都不能給我們的幸福生活以精神支撐，那我們只能到本民族先哲那裡去尋找生活的智慧。這似乎與國際上的某些有識之士的想法是一致的。即要解決人類和中國在 21 世紀面臨的問題，就要到 2000多年前的孔夫子那裡尋求智慧。

傳統道德可以為我們現代的幸福生活提供正確的自強不息、義以為上的人生觀和價值觀，可以為我們提供孝悌忠信，仁愛和平、禮義廉恥的正確行為規範，可以教會我們為人處事的基本道理，即善待他人，寬容仁愛，這些都是做人的基本品質。傳統道德告訴我們「君子坦蕩蕩、小人常戚戚」，「平日不做虧心事，不怕半夜鬼敲門」，「仁者無敵」，這樣使我們活得坦然，心安理得，自然會達到仁者壽、德者福的境界，也使我們能夠安身立命，心理平衡。為了我們的生活幸福，我們應該大力弘揚中華傳統美德。

第一，弘揚自強不息、厚德載物的民族精神。儒家告訴人們「天行健、君子以自強不息，地勢坤，君子以厚德載物。」人活在世上，首先要有一種自強不息的積極的人生態度和奮鬥精神，其次，就是要崇尚道德的價值，厚德才能載物，做人做事，當以道德為首要，重視道德是中國文化的根本和特色。重視道德的價值，要求我們以德治國，而不是以利治國，一個國家要實現好的社會治理，不僅要使民富，而且要富之後而教之。即要發展經濟、軍事等硬實力，更要發展文化與道德等軟實力。

第二，義以為上的義利觀。在人生的長途中，始終要堅持「義以為上」的價值原則，反對「見利忘義」，「不義而富且貴，於我如浮雲」，「三軍可奪

帥也，匹夫不可奪志也」，要做「富貴不能淫，威武不能屈，貧賤不能移」的大丈夫。「義利之辨乃儒者第一義」，如果我們不能解決好義利問題，就會像成克傑、胡長清那樣不僅丟了官，也丟了命。對於普通百姓可能就要吃官司，受牢獄之災，辱沒祖先。

第三，堅持他人、群體本位的道德觀。中國傳統價值觀不僅堅持義以為上，用義來節制利的衝動，而且還堅持群體至上，他人至上，這才是真正的道德，它才可能節制人性的自私和貪婪，也能形成和諧的人際關際和穩定的社會秩序。在這種群體關係中，道德所倡導的是人的義務，而非主張人的權利，不是一事當前，先替自己打算，而是將心比心，為他人考慮。而現在的人卻深受個人至上，權利本位的西方思想的影響，使我們的生活越來越缺乏道德了，因此，也出現了那麼多罔顧他人利益與性命的惡性事件來。

第四，弘揚中國傳統道德的基本精神。西方文化的浸入，自由主義的啟蒙，使現代人的個人意識、權利意識、平等意識、競爭意識很強，但相反群體意識、責任意識、等差意識、辭讓精神則比較弱。比如，在西方自由主義思想的影響下，平等意識深入人心，但中國倫理仁之等差之愛，義之角色意識，禮之分序意識，都是在強調等差，這才是中國倫理的實質，現在子女向父母要平等，學生向老師要平等，下級向上級要平等，結果造成了子不子，父不父，臣不臣，君不君。生不生，師不師，男不男，女不女。學生向老師要平等，教育活動如何搞？下級向上級要平等，管理活動如何搞？我們並不是要完全否認平等的價值，但真實的倫理關係應該是等差與平等的統一，而我們在近百年的啟蒙過程中只追求平等的西方倫理精神，而貶抑等差的中國倫理精神，這是有偏面性的。中國倫理強調辭讓精神，而西方倫理則強調競爭，過度競爭使人們心浮氣躁，心力焦慮，抑鬱寡歡，失去了幸福的淡泊寧靜。

第五，弘揚中國傳統道德的核心德目。中國傳統道德的核心德目是孝、忠、仁、義、禮、智、信。我們應該用這些道德指導我們的日常生活和做人做事。在家孝親，善事父母親祖，建立和諧親子關係和和諧家庭；在社會上盡己利人，為他人、為民族、為國家盡心竭力，這就是現代人的忠德。

具體而言，用仁愛之心喚醒我們的道德良知和同情之心，要從情感上摒棄冷漠，以己之心度人之心，對別人多有善意，心有他人，樂於助人以至於博施於民而能濟眾。以義培養我們的義務感、正義感，增強我們作為公民的

責任感，見義勇爲，愛崗敬業，在社會生活與職業生活中盡職盡責，勇於奉獻。在生活實踐中，用禮培養我們對他人的尊敬、謙讓精神，說文明話，辦文明事，做文明人。重新形成禮儀之邦的文明風尚，提高公民的文明禮貌素質。智德，就是能明辨是非，知善惡，在現代社會價值觀混亂，各種誘惑甚至是欺騙陷阱大量存在的情況下，明智而有智慧的生活實屬不易，我們應該不斷學習古人的人生與道德智慧，並在現代生活中加以應用實踐。誠信，內誠於己，外信於人，不僅是傳統美德，更是現代社會生活的道德基礎，是道德的守護神。誠信缺失是道德缺失的集中體現。古人說，人而無信不知其可，做人是這樣，對於治國來說，孔子更是認爲在不得已時，寧肯去兵、去食也要存信，因爲民無信不立。大力弘揚信德更是可以推動當代社會道德文明水平的提高。

在中國從傳統向現代社會的轉化過程中，我們絕不能丟棄自己本民族的優良道德傳統，用傳統道德提升現代公民道德素質，並指導民眾日常行爲實踐。使人們獲得人生的意義感和道德感，使當代公民實現經濟人、社會人與道德人的統一，這也許是社會治理之良策，也是人生幸福之術。

（原載《長安大學學報》2013 年第 3 期）

把根留住——孝與中華文化

在中華民族文化出現復興曙光，全民重視優秀傳統文化的學習與弘揚之際，重新審視孝與中華文化的關係，對於增強民族文化自覺、自信、自強，實現「中國夢」具有重要意義。

在我看來，孝是中華傳統文化中的根本與命脈。如果把傳統文化比做一棵大樹，那麼，孝就是這棵大樹的「根」。根是樹的存在之本。樹沒有根了，失去了本，就難以存活。因此，我們一定要「把根留住」，這樣才會使中華傳統文化在新的歷史條件下經過不斷的澆水施肥，剪掉不必要的枝叉，使其煥發出勃勃生機。

孝的基本含義是什麼？孝在中華民族傳統文化中的地位是怎樣的？孝在當代社會文化建設中的地位與作用何在？這是我們想加以闡述的幾個問題。

孝的基本含義

孝的基本含義在我看來主要有三個方面：第一，「善事父母」。這是漢代許慎《說文解字》中對孝的解釋，也得到了後世的認同，成為孝的核心含義之一。如何才算是「善事父母」？從倫理精神實質上講，就是要對父母做到如下四個字：「愛」「敬」「忠」「順」。或者說，孝道主要是由愛心、敬意、忠德、順行構成的。愛為體，忠為用，敬為德，順為行。第二，尊祖敬宗。孝在西周乃至春秋之前，其初始義是尊祖敬宗。孝是從尊祖祭祖的宗教情懷中發展而來的。施孝的方式主要是祭祀。尊祖祀祖的倫理精神在於：報本返始，慎終追遠，繼志述事。第三，生兒育女、傳宗接代。孝是保障人口綿延的一套規則，它要求每個社會成員要把組織家庭、生育子女當作義不容辭的義務。

可以看出，孝道的上述含義把中國人的過去、現在與未來聯貫起來了。尊祖敬宗是對祖先和生命之源的尊重。有一首歌唱道：「你從哪裏來？」這話問得很好。在中國人看來，一個人如果連自己的生命之源都不敬重，那就是忘本。「數典忘祖」被中國人看作是最大的缺德。尊祖敬宗產生了中國人深厚的歷史感。這也是四大古代文明傳統唯有中國文明得以延綿不斷的一個重要原因。

孝在中華民族傳統文化中的地位

1. 孝是中國傳統社會的立國之本與社會之基。

黑格爾在談到中國「孝敬」問題時說：「中國純粹建築在這一種道德結合上，國家的特性便是客觀的『家庭孝敬』」。這是說傳統中國社會，是奠基於孝道之上的社會。這種觀察是有道理的。眾所周知，我國古代社會是一種典型的「亞細亞生產方式」。古代中國在走向文明的過程中，並未拋棄原始社會的血緣紐帶，而是把它與政治結合起來，形成了獨特的家國同構的社會結構和倫理政治模式。家是國的基礎，國是家的放大。社會主要由家與國構成，而其中的第三領域或狹義的「社會」並不發達。在周代封邦建國的政治體制中，宗主與受封者的關係，是一種血緣關係與政治關係的統一。孝德在周代產生之初，就是親情與政治的合一，尊祖敬宗的目的就是和睦宗族，加強政治統治效力。臺灣學者楊國樞在其《中國人之孝道的概念分析》中指出：「傳統的中國不僅是以農立國，而且是以孝立國。」中國人在家孝親，在朝忠君，而求忠臣必出於孝子之門。因此，說孝是中國家國同構的傳統社會的精神基礎是符合歷史真實的。

2. 孝是中華傳統文化的顯著特色，具有豐富的文化內涵。

孝道乃是使中華文明區別於古希臘羅馬文明和印度文明的重大文化現象之一。傳統中國文化在某種意義上，可稱為孝的文化。梁漱溟說「中國文化是『孝』的文化，自是沒錯」。這並不是說西方文明與印度文明就沒有處理親子關係的道德，而是說孝是被中華文化特別強調的文化價值觀念。在中華文化中，孝具有非常豐富的文化內涵，這些是異質文化所不具備的。「孝」這一辭在英語中沒有專門的詞對譯，勉強以「子女的」與「奉獻」兩個詞來合成翻譯「孝」，難以概括「孝」在中國文化中的豐富內涵。這一點也證明了中國孝文化的獨特性。

3. 孝是中華傳統道德的百善之先。

孝的倫理精神本質是愛、敬、忠、順。這是一切道德的內在精神源頭和基礎。一個不從精神上愛、敬父母、從行動上忠、順父母的人，何談對他人盡責任。孝確是一切道德的精神實質。

孝是「行仁」「行德」之起點。中國家族中的親情關係是一種合血緣自然關係與社會關係爲一體的東西。中國人的道德感是從這種親情關係中昇華出來的。從孝中生出仁，再從仁民而至愛物。孝因而被看作是道德感的源頭。這種中國傳統道德的基本思維方式和基本進路，至今仍然延續著。今天的人們還是認爲百善孝爲先，孝爲做人之基本美德。從一個人是否孝，就可以「三歲看大，七歲看老」。

孝在當代社會的地位與作用

孝在當代社會、文化與道德中應該處於什麼樣的地位？

第一，孝在當代中國社會不再成爲整個社會的精神基礎。這是因爲當代中國社會已經不再是一個家國同構的傳統社會了。現代社會不僅不再強調家是國的基礎，而且強調公共領域與私人領域要區隔，社會要以尊重每個人的自由權利、建立現代法治國家爲目標。在現代社會的建設過程中，人們日常生活的公共性日益凸現，家不再是國的基礎。但是我們也應看到，人們不僅有公共生活，而且也有日常生活與私人交往。加之，當代的中國是從傳統的中國走來的。人們的日常生活主要還是在家庭中進行的。因此，在私人領域、家庭關係中，父慈子孝這種文化觀念與倫理精神仍然是人民群眾內在的需要和呼喚。由於受傳統的影響較深，我們有時也會說「家庭是社會的細胞」。這種說法實際上仍然是把家庭看作社會的基礎。但這種「社會」在我看來，只能被理解爲「民間社會」和「私人領域」，而不能包括國家。如果在現代社會「公」與「私」不分，那麼，建立在傳統孝道基礎上的「私情」也許會衝擊公共管理和國家治理。很多貪官不正是因爲受枕邊風、裙帶關係的影響而落馬的嗎？它與「立黨爲公」「執政爲民」的宗旨是相悖的。我們在當代也不可能實行「以孝治天下」的國策。選官雖然也要注重其是否能孝親敬祖；但同時也要看到，即使在中國古代也存在「忠孝不可兩全」的情況。現代社會更可能有公私衝突的情況。

第二，孝作爲傳統文化的首要觀念，在現代社會中仍可以成爲重要的價

值資源。中國傳統文化在 20 世紀的命運並不是那麼好。它不僅成為五四運動「打倒孔家店」的對象，在相當長時期內也是遭到否定甚至是批判的。令人可喜的是，自上世紀 90 年代特別是進入新世紀以來，隨著我國經濟建設取得令人矚目成就，民族自信心得到大幅提升，民族文化的自覺、自信也增強了。因此，國學熱持續，社會各階層對中國傳統文化的學習與弘揚的熱情非常高漲。各地的倡孝活動方興未艾，令人注目。原因是，慈孝是人類最基本的倫理情感，是中國傳統文化的首要價值觀念和首德，因此，一旦社會形成尊重傳統文化的風尚時，民眾首先就會想到慈孝文化。中、小學生規範中也已經出現「孝敬父母」的相關要求。孝於當代，仍是被當代中國人最為看重的核心價值之一，也是建設民族共同精神家園的精神基礎。

第三，孝在當代社會不再成為「全德」，但仍可成為「元德」與「首德」。孝在傳統道德中不僅是「德之本」即「元德」，別的道德得以產生的原發元素，而且是「教之所由生」即「首德」或首善，即踐行道德與教化民眾之始。不僅如此，孝在傳統道德中還被全面泛化，成了一切道德的代名詞即「全德」。如《孝經》所講的五等人之孝，實際上是把各種不同等級地位與職業的人的角色道德都等同於孝了。今天，我們只適宜於讓孝回到其家庭親子道德的本來位置上。孝在當代中國的道德結構中絕不可能再處於泛孝的社會地位。這是因為，家庭雖然在當代中國的社會生活中仍然有很重要的地位，但與古代相比畢竟不再居於社會生活的核心地位了。今天，我們可以把傳統的「百善孝為先」，從倫理的內在精神方面把它改造為「百善孝為始」。也就是說，孝仍然可以成為德性倫理的高尚人格和人際義務的精神淵源。孝所包含的「愛敬忠順」的倫理本質與「親親、尊尊、長長」的倫理精神仍然是一切道德的精神基因。在這種意義上講它仍然是「源德」。人最先接觸的人倫關係是父母，人的所有倫理實踐都起於對父母行孝道。行遠必自邇，登高必自卑。因此，孝仍然是「百善之先」「百德之首」。

（原載《光明日報》2013 年 7 月 22 日國學版）

孝與廉

一

孝與廉，首先是中國傳統道德的兩個德目。孝，就是子女善事父母親祖的倫理義務與倫理行爲的稱謂。而廉則是官員克己奉公、廉潔不貪的道德義務與品德。這是分別處理家庭家族關係與國家關係的兩種不同的道德。從中國道德德目的演變發展來看，孝出現的比較早，最初在周代，孝作爲一種觀念與美德已經大行於天下。孝在中國文化中是一種始基性的核心價值觀，是「百善孝爲先」的首德，是中國人做人的根本，也是中國古人認爲的爲官從政的人格道德基礎。

最早將廉作爲道德範疇來看待的是《周禮》，如《周禮·天官冢宰》篇曰：「以聽官府之六計，弊群吏之治：一曰廉善，二曰廉能，三曰廉敬，四曰廉正，五曰廉法，六曰廉辨。」也就是說要整頓吏治，必須按照「六廉」之要求來進行。

管子率先把「廉」德提升到「國之四維」的高度來加以強調。管仲認爲「禮義廉恥，國之四維，四維不張，國乃滅亡」，將「廉」提升爲國家興亡成敗的關鍵，他認爲上述四德或四維是一個國家長治久安最爲重要的要素。《牧民》篇中說：「國有四維。一維絕則傾，二維絕則危，三維絕則覆，四維絕則滅。傾可正也，危可安也，覆可起也，滅不可復錯也。何謂四維？一曰禮；二曰義；三曰廉；四曰恥。禮不逾節，義不自進，廉不蔽惡，恥不從枉。故不逾節，則上位安。不自進，則民無巧詐。不蔽惡，則行自全（正）。不從枉，則邪事不生。」這是對「四維」概括性的論述，所謂「四維」原意是指繫在

漁網四個角上的繩索，以控制網之開闔，乃漁網發揮功能的關鍵部位，《管子》一書借用其喻義表示禮義廉恥四德在維繫國家安定中的關鍵作用。它不僅講了「四維」的內涵，而且指出了「四維」的重要性，「四維」不張，國乃滅亡。

　　《管子》認為官吏克己奉公而不要化公為私之謂廉，提出各級官吏都要貞廉奉公，如《四稱》篇曰：「聖人在前，貞廉在側。」意思是說輔佐聖王的都應是貞廉之人。《管子》把貞廉奉公之臣稱之為「朝之經臣」，如《宙合》篇有言：「察身能而受官，不誣於上；謹於法令以治，不阿黨；竭能盡力，而不尚得；犯難離患，而不辭死；受祿不過其功，服位不侈其能，不以毋實虛受者，朝之經臣也。」《管子》認為治吏之道重在「義以與交，廉以與處。」

　　《管子》認為「廉」德修養之方，在於做到「廉不蔽惡」，《管子》認為「廉」德之要務就是不掩飾自己的缺點和錯誤，只有對自己的缺點和錯誤不加掩飾、慎重對待，自己的行為才能更加完善，才能做到真正之「廉」而不會貪污腐敗，使自己達致「完人」的境界。

　　「孝廉」一詞的連用，最早出現在《漢書・武帝紀》中，即：「元光元年冬十一月，初令郡國舉孝廉各一人。」這裡「孝廉」的含義，顏師古解釋：「孝謂善事父母者，廉謂清潔有廉隅者。」這裡的「孝廉」其實已經不單單是道德含義，已經上昇成了一種選官的政治制度，即「舉孝廉」。多數學者認為這裡的「舉孝廉各一人」，是指舉孝一人、舉廉一人。這時的孝廉科並不是單一的一科而是由選孝和選廉兩科構成，到了東漢時才逐漸合為一科。孝廉雖是一種選官方式，但是其真正目的不是為了選官，而是為了社會教化。武帝是想借用孝廉制度來提升公民道德素質，移風易俗，改變不好的社會風氣，這才是武帝的初衷。

　　作為舉孝廉選官制度中的「孝」與「廉」，實際上是指具有孝行與廉潔品質的人被直接舉薦選拔為官吏。這種選官制度，雖然初衷是好的，曾經對社會教化產生過一些好的影響，但實行過程中也產生了很多弊病，出現了「拜門奔競，貨賂囑託」「以族為德，以位為賢」等不良風氣，出現了很多徇私舞弊、朋黨勾結的現象。葛洪在《抱朴子・外篇》寫道：「舉秀才，不知書。察孝廉，父別居。『寒素清白』濁如泥，『高第良將』怯如雞。」正是魏晉時期這種不良現象的描述。因此，到了後來這種選官制度被隋唐的科舉制度所取代。

二

孝與廉是相互支持的關係。

孝何以能廉？廉何以能孝？

第一，孝是一切道德的基礎，也是廉德的基礎。孝，誠如《孝經》所說是「德之本也，教之所由生也。」在中國古人看來，孝是爲人第一德，是諸種道德的基礎。在家能孝親，在朝必能忠君。廉實際上是爲官之人對公共財物的道德態度，它實際上體現爲對君主、國家的忠誠之德。因此，在孝德泛化的社會條件下，認爲求忠臣必出於孝子之門，人有孝德就會有別的一切道德，因此，有孝德就必然有廉德。如《孝經·諸侯章》說：「在上不驕，高而不危；制節謹度，滿而不溢。高而不危，所以長守貴也；滿而不溢，所以長守富也。」這裡的「制節謹度，滿而不溢」，具有廉德內涵，也被看作是諸侯之孝，如果不具備這種廉德，不能長守富貴，是對祖先的不孝。

第二，不辱其親的孝道責任感使人產生清廉爲官的責任意識。曾子曰：「大孝尊親，其次不辱，其下能養。」（《禮記·祭義》）在中國古代，孝親不僅是能贍養父母，而且要立身揚名，以顯父母，起碼也不能做辱沒父母的事。「父母既沒，愼行其身，不遺父母惡名，可謂能終矣。」（《禮記·祭義》）孟子說：「事，孰爲大？事親爲大。守，孰爲大？守身爲大。不失其身而能事親者，吾聞之矣。」（《孟子·離婁上》）可見人子當能守身才能盡到事親之道。守身就是要堅守做人原則，愛護身體，珍惜生命，勿爲非作歹，玷辱父母，至陷於不義，而枉父母之生。朱子注云：「守其身，使不陷於不義也；一失其身，則虧體辱親，雖日用三牲之養，亦不足以爲孝矣。」這也就是說，中國古人的道德責任感產生於對父母親祖的責任感，認爲做了好事，成了功名能夠光宗耀祖，相反做了壞事，就會辱沒父母親祖和門風家風。因此，一個守孝的人必然要在爲官的過程中，自覺遵守清勤愼的爲官道德，絕不能做貪髒枉法之事，受牢獄之災辱沒先祖。這種孝道責任感成了某些官員得以廉潔自律的精神動因。

第三，廉才能保證行孝。一個人在古代中國能爲官，已經是有出息有成就的人，但是權力是一種機遇也是一種風險，如果一個官員不能正確處理義利關係，在財利與權力面前不能保持清醒的頭腦，既要當官又要謀財，那勢必就會成爲一名貪官，輕則貶官，重則受刑甚至丟命，這樣肯定不能顧及父母之養，而且辱沒家門家風，而成爲不孝之逆子。因此，廉潔，不僅能保證官員長守富貴，一生平安，而且還能保證官員行孝，做到「大孝尊親，其次不辱」。

三

孝與廉在中國古代雖有上述一致與相互支持之處，但它畢竟是屬於處理家庭私人關係與國家政治關係的兩種不同道德，而且其道德主體也是兩種人倫角色即孝子與廉吏，或者說前者是對為人子者的要求，後者是對為人臣或擁有一定公共權利的人的要求。在中國古代兩者的統一性之所以被看重，是因為社會是一種家國同構的社會結構，在漢代，實現以孝治天下的國策，孝被全面泛化，當作一切道德的代名詞，似乎有了孝，人就會有一切道德。不可否認，這種思維在中國古代有一定的合理性和客觀性，這是因為那時確實孝是百善之先之首，人的安身立命，人生責任感均產生於對父母親祖的責任感，因此，人們的行為道德選擇，往往首先考慮到做任何一件事是不是會辱沒祖先，會不會光宗耀祖。按儒家親親、仁民、愛物的推擴倫理思考方式，似乎孝了就能夠做到忠、廉了。孝在中國古代不僅被看作是一切道德之基，而且被看作是中國人的人文性宗教，對祖先與家族的責任感是中國人一切行為選擇的價值基礎。

但是，孝與廉畢竟是兩種不同領域的道德，它本身是有差異的，隨著家國一體即家是國的基礎，國是家的放大的傳統社會結構的解體，公民社會的形成，隨著傳統文化與孝道影響的衰落，隨著現代社會私人領域與公共領域的日益區隔，我們更要充分看到孝與廉的差異和不同，在繼承優秀傳統道德資源時既要充分肯定但又不要盲目誇大孝文化在加強幹部廉政與廉德建設中的作用。以為只要幹部能孝其親就必然會廉潔奉公，這種想法是簡單化的，缺乏深入分析的。

孝畢竟是「親其親」的私人意識，能否從「親親」推擴出「仁民」、「愛物」這種他人意識、公共意識並不是一個必然的結果，這只是儒家道德理想主義的期待。在中國古代雖然有豐富的公私之辯的理論，但公與私的客觀疆界卻長期是不清楚的。能孝必廉的思維實際上仍然是這種公私不分思維方式的體現。家國同構，公私不分，裙帶風、枕頭風甚至孝敬父母的意識可能往往成為某些官員貪腐的思想根源。當然我們也不能反過來說，孝了必貪，我們想說的是，孝了未必就廉，這在現代社會是兩回事。

（原載《光明日報》2013 年 1 月 21 日國學版）

「孝道」養老的文化效力分析

　　老齡社會的現實是我們在邁向現代化的過程中不能不重視的問題。如何處理老齡化社會的養老問題，一方面，我們要立足現實，面向未來，另一方面，也就不可避免的把目光聚焦到我們民族的傳統文化資源上。「孝道」在傳統中國的家庭家族養老中的確發揮了核心的或唯一的或者說是不可替代的作用，因此，當我們思考當代中國社會的養老問題時，就不能不對在今天仍然發揮著養老作用的傳統孝道文化進行反思和探討。

　　孝道在傳統中國社會的文化內含是非常豐富的，在某種意義上，傳統中國文化可稱爲孝的文化，傳統中國社會，更是奠基於孝道之上的社會，因而孝道乃是使中華文明區別於古希臘羅馬文明和印度文明的重大文化現象之一。孝，是中華傳統倫理的核心觀念與特色，也是中華傳統倫理體系的始基與諸德之首，這也就是俗語所說的「百善孝爲先」。〔註1〕從人口學的角度看，孝道在傳統中國社會主要是發揮了養老的作用。可以說，孝的觀念是傳統中國家庭家族養老的文化價值基礎。另外，家族社會、農業社會的社會基礎，家國同構的社會結構，聚族而居的生活方式，歷史悠久的孝道文化，強有力的政治法律制度保障，都保證了孝在傳統中國社會強大的養老功能的發揮。

一、孝道養老的當代社會文化效力分析預測

　　在現代中國，孝不能再發揮傳統中國社會那樣唯一的強勢的養老作用。因爲社會條件變了，生活方式變了，孝道發揮作用的社會條件變了，這是不以人們的意志爲轉移的。

〔註1〕參見蕭群忠著：《孝與中國文化》，人民出版社 2001 年版。

我們不再僅僅生活在家庭家族中，不再是家族社會、子民與臣民的時代，而是處在公民社會，我們的子輩不僅是長輩的兒女子孫，而且是社會的公民，不僅要承擔對家庭的責任，也要承擔對社會和職業團體的責任。學業、事業、職業，這一切都使子輩的人生活動不再局限於家庭家族中，我國社會從五四時期起，走出家庭，走向革命就成為時代青年的進步行為和青年解放的表現。經過幾十年的努力，當代中國人的人生活動和人生價值主要體現在社會生活和公共生活中，家庭的生產職能大大削弱了，甚至連農村青年人群在改革開放的形勢下也大多走出家門，走向城市，成為農民工的一員。我們的社會道德雖然也鼓勵年輕一代要孝敬父母，但畢竟首先倡導他們承擔自己的社會責任和職業責任，二者在一時一地可以沒有矛盾，有時兩者可能是矛盾的，這種矛盾在古代就是所謂的忠孝不能兩全的矛盾。隨著現代社會公共領域與私人領域的分際，這種忠孝不能兩全的矛盾實際上是越來越尖銳了，解決這種矛盾衝突的方法，往往只能是捨私奉公，這必然削弱了孝道養老的效力。

另外，生活的時空範圍空前的擴大了，不再是聚族而居了，甚至也不再是四世同堂了。家庭結構和人口結構也發生了很大的變化，由大家庭或大家族聚族而居，變成了獨門獨戶的居住形式，家庭結構由大家庭演變成現在的以「核心家庭」為主的形式，人口的結構再也不是父母有多個子女。隨著計劃生育政策的實施，在城市家庭，大多只有一個孩子，孩子小時候還與父母住在一起，一旦成年結婚，大都選擇與父母分住，這與古代社會的同住共財又是不一樣的。隨著獨生子女這一輩人逐漸成年結婚，從人口結構的角度看，在城市已經出現了一對年輕夫妻養四個老人的狀況，這較之幾個孩子共養一對父母，負擔重多了。

以上說明，雖然孝道在當代社會中還會發揮一些養老的作用，但是，隨著社會變遷和生活方式的改變，孝道再也不可能成為養老的唯一依靠，不可能再發揮古代中國那樣強勢的養老社會功能。隨著社會從傳統社會走向現代社會，孝道和親子關係也要發生一些變革，這是必然的。

那麼，孝道作為傳統文化資源，作為傳統文化的軟實力，在現代中國社會，究竟能發生怎樣的養老作用，其趨勢是如何的呢？我個人的總體判斷是：孝道在中國社會的相當長一段時期內，在大多數家庭還會持續發揮其家庭養老的功能，但隨著社會的進一步發展，孝道養老的功能將呈現出遞減的趨勢。

眾所周知，中國社會仍然處於從傳統農業文明向現代工業文明、從傳統

社會向現代社會轉型過程之中，這一過程必然伴隨著文化變遷中的傳統與現代的某些衝突。如上所述，雖然社會狀況和生活方式發生了很大變化，但也有某些不變的國情和文化傳統。比如，我國的農業人口雖然較之以前有所減少，但仍然有百分之七十的老人生活在農村，其經濟來源和生活保障還主要來自子輩的供給，家庭養老在廣大農村仍然是最重要的養老方式，老年人如果離開了子輩的經濟供給將失去生活的經濟來源，一旦離開年輕人的體力幫助，生活也會發生困難。儘管不再是大家庭聚族而居，甚至父母和成年子女也不在一起居住，但這並沒有從根本上割斷血濃於水的親情，中國人還是非常重視家庭親情，家庭仍然是人們的精神家園，父母仍然是人們心靈的港灣，孝親仍然是大多中國人深厚的情懷和實踐。儘管有孝親與工作、地域、居住、小家庭的諸多矛盾，但這也並沒有影響很多人履行自己孝親的倫理義務。經濟供給、體力付出和照顧、精神關懷，這仍然是很多人的孝道實踐。從中國當前的養老方式看，雖然自助養老、社會養老有一定的發展，但這些養老方式在中國當代社會，所佔比例較小，而且受到諸多社會地位、經濟條件的限制，在短時間內不會有很快發展。加之我國是個發展中大國，人口基數很大，在相當長的歷史時期內，很難指望像某些西方發達福利國家那樣，以社會和國家福利的形式全部解決養老的經濟供給問題。因此，我們可以斷言，在相當長時期內，家庭養老仍然是中國大多數家庭主要的養老方式。加之孝道文化歷經幾千年，也變成了老年人的一種文化精神需要，許多老年人還是不能接受養老院文化而比較接受子輩的孝道養老方式，這種方式不僅使老年人老有所養，也通過子輩的悅親而使老年人老有所樂，這種精神價值是其它養老方式不能滿足的。

儘管如此，隨著社會的發展，孝道養老的文化效力是要遞減的。這是因為隨著社會的進一步現代化，人們生活的時空範圍還會進一步擴大，人類生活的公共性將進一步增強，家庭生活的模式將繼續沿著由縱向親子關係為主向橫向夫妻關係為主的模式發展，社會將由家族本位向個體本位繼續轉化，這些都是不可逆轉的歷史潮流，而這些趨勢都決定了我們的養老方式僅靠孝道是不行的，也逐漸削弱了孝道養老的客觀社會基礎，中國社會的轉變必將帶來中國傳統文化中的核心理念孝道文化的變革。

那麼，未來中國社會的養老方式究竟是怎樣一種模式呢？在我看來是：自助養老、家庭養老、社會養老三位一體的結構。所謂自助養老，也就是中

國人從年輕時就要為自己的老年提前積攢財富、交納養老保險，這樣使自己獲得老有所養的經濟保障。每個中國人不僅要學習謀生的知識，還應該從年輕時就學習養生的知識，盡量使自己有一個健康的生活方式，在老年時保持健康的身體，依靠自己就能做到自養、自理，健康並快樂的生活。隨著我國社會經濟的進一步發展，國家雖然不能像西方發達國家那樣承擔全部的養老經濟責任，但也要逐步加大這方面的投入，政府不應推卸自己這種責任。另外，也可以通過市場機制大力發展專業化的社會養老機構，滿足某些有經濟支付能力並在文化觀念上能接受這種養老院文化的人的需要。當然，在相當長的時期內，家庭養老仍然是多數家庭的主要方式，但隨著社會文明的進步，自助養老和社會養老會呈現出加強的態勢，家庭養老則會呈現出衰退的趨勢，因此，孝道作為家庭養老的主要承載者的功效將呈現遞減的趨勢。

二、未來中國社會的孝道與親子關係特點

在未來中國社會，傳統孝道文化在社會生活中應處於什麼地位，為了應對社會的變遷，我們應該建設一種什麼樣的現代親子關係呢？

在中國傳統社會，孝道有極高的社會地位，它不僅是傳統倫理文化的基石，而且是整個文化和社會、政治生活的基石。簡而言之，泛孝主義是孝在傳統社會的地位。但在當代社會，孝不可能再繼續享有這樣的地位了。現代工商社會的主要特徵之一，是社會內部結構（及功能）的分歧化、多元化，影響所及，使家庭與家庭以外的社會組織之間的差異越來越大，因而將家庭的特性擴展到其他社會組織中的可能性日益減小，泛家族主義及其泛孝主義乃逐漸消失。在此情形下，孝道自然無法經由家族主義而拓展到其他社會成員、社會、國家及天下。於是，在範圍上，孝道只能局限於家庭之內；在性質上，孝道只能局限於親子之間。也就是說，在現代社會，孝道只能是家庭中的一套人際態度與行為——子女對父母的良好態度與行為。這是因為：現代人趨向於工作認同，以事業為重，家庭意識弱化，同時生活節奏的加快，社會流動性的增強，都直接影響了對父母的「行孝」。由於提倡尊重個人獨立人格，以個人成就為取向，家庭本位逐漸讓位於個人本位，使得「孝」的意識淡化了。此外，不同的價值觀念、生活方式等，造成了兩代人之間溝通的障礙，「行孝」也更加不易了。現代家庭關係，以夫妻為中心，而不是以父子為中心，家庭結構趨向於小型化、鬆散化，兩代之間的關係更多地靠親情力

量來維繫，「孝」的倫理道德已不再是強有力了。

為適應社會的變革，在我看來，未來社會的代際關係應具有如下特點，即自立、親情、平等、共喻。

自立。隨著社會的進一步發展，社會將越來越擺脫家族本位的影響，而以個體為本位，人們在經濟上的自給為這種個體獨立奠定了基礎，西方文化影響的加深也會促使人們形成自立自助的觀念。中國的代際關係，過去長期以來是講究代際之間的依賴和聯結，所謂「在家靠父母」、「養兒防老」就是這種觀念的集中體現，在西方代際關係中，比較強調代際間的獨立精神。在西方個體本位的文化影響下，親子關係也呈現出各自獨立的精神。雖然這未必就是好的或者未必符合我們的民族傳統，但是現代家庭結構和社會生活的變化客觀上也使我們在代際關係上，應適當吸取西方文化中的這種個體獨立精神。目前中國社會已經出現的空巢老人家庭的情況，不就是要求我們必須樹立一種獨立自助的思想嗎？中國文化也講自立自強，但多是講給年輕人聽的，要他們在拓展自己的人生、發展自己的事業時獨立自強。我們今天樹立自立自強的意識，不僅要給年輕人講，而且也要逐步在老人中樹立這種觀念，否則，當家庭養老、兒女孝道有所不濟時，老人們就會有心理落差。自立自強是未來社會自助養老的價值觀念基礎。現代社會的經濟發展、居住環境為這種個體本位、獨立自主自助的代際關係提供了物質上的保證。目前城市老人大多都是有退休金的，是可以經濟自給的，並且多與兒女不在一起住。現代生活條件的改善，諸如物業、餐飲、家政、保潔等各種生活服務日益社會化，將來如果再加上醫療服務進社區等等，這些都使老人的自養具備了必要的客觀的條件。唯一需要老人以自立自助的精神調整好心態，克服孤獨情緒，快樂歡度晚年。我們要使老人認識到，獨立自主是現代人格精神，是健康人格的體現。

親情。隨著社會文明的進步，中國經濟社會的進一步發展，人們的代際關係將越來越擺脫經濟對代際關係的壓迫，隨著社會養老事業的發展，個人自養能力的增強，在現代代際親子關係中，傳統的物質供養與體力付出都將逐步弱化，正如前面分析的那樣，經濟供養已經大多由個體自養所替代，而體力服務也大多為社會化服務而替代，比如，我們今天已經在城市醫院中，可以看到，陪護住院老人的勞務，大多由專門的護工來做了。在這種社會條件下，現代代際關係的實質就是親情聯絡，也就是上輩人對下輩人的關愛，

下輩人對上輩人的尊敬與精神關懷，按傳統孝道的概念就是敬親悅親，或養心而非養身了。親情成為代際間聯絡溝通的精神紐帶和橋梁，精神交往將成為兩代人之間的主要交往方式和交往內容。

平等。人際關係平等，這是人類自古迄今的理想，尊老愛幼是人類公認的美德。因此，現代親子代際關係仍要建立在平等的基礎上，以平等精神處理親子間的利益關係、人格關係，相互尊重，平等對待。

如果說我們的傳統文化是尊老抑少的話，那麼，在現代社會，似乎又出現了某種坑老、欺老的不平等現象。在現代親子關係上，存在以下幾種情況的扭曲：

第一，長幼地位顛倒。在我國傳統社會，晚輩對長輩要尊敬，要長幼有序，晚輩照顧和贍養老人是毋庸置疑的。而在當今一些家庭中，卻出現了以孩子為中心，一切圍著孩子轉，一切孩子說了算的親子關係扭曲現象，「無違」成了孩子對父母的要求，孩子卻對父母缺少孝敬之意。他們對老人使用多，關心少，嫌棄缺乏勞動能力的老人，甚至虐待他們。這種長幼地位顛倒的現象，不僅破壞了家庭和睦，而且使孩子養成「以我為中心」和利己的心理，缺乏起碼的同情心和責任感。

第二，小輩依賴長輩。近年來許多社會調查的結果表明，城市老年人的工資收入和離退休後的其他收入雖然不斷增加，但消費水平提高緩慢。其主要原因是子女的羈絆。年輕人就業或成家與老人分居後，常年在父母處用膳，不交或很少交伙食費。而同父母居住在一起的，向父母所交的生活費往往低於實際支出額。許多年輕人結婚費用的大部分要由父母支付。在城市的不少家庭都存在這樣的怪現象：一些年輕人收入並不高，而中高檔消費品應有盡有，無論是數量和檔次都優於老人家庭。許多老人對這種現象或不理解，或有苦難言。

第三，「養兒不防老」。在我國「養兒防老」的傳統觀念是人們的普遍心理。儘管現在時代不同了，老年人有必要的社會保障，但有少數老人無收入或收入甚少，仍然需要子女贍養，絕大多數老年人則需要在精神上享受兒孫繞膝之樂，並在生活困難或生病時需要子女的幫助和護理。而有的年輕人卻不瞭解老人的這種精神需求，使他們得不到精神慰藉，致使一些老人傷感地說，「過去養兒防老」，如今「養兒煩惱」。不僅如此，還存在著不盡贍養義務和虐待老人、侵犯老人合法權益的嚴重違法現象。

　　1992 年聯合國第四十七屆大會確定 1999 年爲「國際老人年」，其主題是：「建立不分年齡人人共享的社會」。這是建立現代老少關係的一個價值基礎。聯合國秘書長曾對這個主題與總目標提出了詳盡的報告，報告表明，這個主題確定的最終目標是建立一個具有包容性的社會，並將進一步使各代人能夠在互惠和公平的原則下共享社會經濟發展的成果。對中國來說，就是要構建一個有中國特色的「共融、共建、共享」的社會。建立「不分年齡人人共享的社會」的重要前提是代際和諧。只有老少兩代人相互尊重、相互理解、相互平等、自由，創造一個比較寬鬆的天地，才能有和諧的氣氛，實現不同代人的共同利益，達到代際共融。

　　共喻。這裡所說的共喻是想借助美國人類學家瑪格麗特·米德的分析概念，強調在現代信息社會，代際之間或者具體說老年人與年輕人之間應該互相學習，共同進步。米德在其《文化與承諾──一項有關代溝問題的研究》一書中提出了「前喻」、「並喻」、「後喻文化」的概念。她說：「前喻文化，是指晚輩主要向長輩學習；並喻文化，是指晚輩和長輩的學習都發生在同輩人之間；而後喻文化，則是指長輩反過來向晚輩學習。」〔註2〕傳統中國是一個農業社會，農耕經驗幾千年不變，這種社會文化必然形成一種老年文化和前喻文化。現代社會的發展處於日新月異的變化中，舊觀念、舊事物被新生事物和新觀念以不可想像的速度取而代之。現代人知識和經驗的獲得，已不主要靠老年人的身教口授，年齡已不是權威的象徵了。在信息社會，新事物、新知識層出不窮，獲取知識和信息的方式也呈現出多元化特點，年輕一代以其對現代技術手段如網絡、外語等的掌握，在獲取新信息和新知識方面實際上比老人處於更加優越的地位，因此，在現代社會，代際親子關係的雙方應該樹立一種互相學習、平等交流、共同進步的新觀念，這是兩代人之間促使自己精神進步、知識更新的正確的態度，也是建立兩代人平等關係的體現。老年人不能把自己的經驗強加給年輕一代，年輕一代雖然具有攝取新信息新知識的長處，但也應該虛心學習老年人的經驗與智慧，互相取長補短，共同進步。

（原載《理論視野》2009 年第 1 期）

〔註2〕〔美〕瑪格麗特·米德著：《文化與承諾──一項有關代溝問題的研究》，河北人民出版社 1987 年版，第 27 頁。

傳統孝道的傳承、弘揚與超越

　　孝是中國傳統社會和傳統文化得以建立的基礎，是中國傳統文化的原發性核心價值觀與首要道德。但在 20 世紀，自五四運動以來，它長期受到批判否定。但 20 世紀 90 年代以來，中國民間社會的傳統孝道推廣活動方興未艾。首先是在學術界重新呼籲研究並正確對待傳統孝道，近年來，不僅發表了大量研究著作和論文，而且還舉辦了數次國內和國際專題研討會。其次，教育界的很多中小學都進行了有關弘揚孝道的教學教育改革，把傳統孝道教育作為德育的重要內容，甚至某些大學也把假期回家為父母洗一次腳作為家庭作業布置給學生。社會上有的人提出要為孝立法，要把孝作為考覈公務員或黨政幹部的標準之一。還有很多專門弘揚孝道的民間組織，如中華慈孝推動委員會、中國老年基金會、中華母親節推動會等，自覺地推廣傳統孝文化。在民間力量的推動下，黨和政府也在中小學生行為規範、黨政幹部處罰條例等文件中加進了有關孝道條目，近年來在評選全國 50 名道德楷模活動中，也把「孝親敬老」作為五個大類之一。

　　那麼，在新的歷史條件下，傳統孝道為什麼又再次得到肯定和呼喚？傳統孝道對我們現代中國究竟具有什麼樣的價值？如何對傳統孝道進行現代性超越，使其實現傳統與現代的統一，這將是我們重點討論的問題。

一、傳承：今天為什麼又要講孝？

　　上述現象都體現出中國社會近 20 年來對傳統孝道的重視，那麼，我們就要問，中國文化講了幾千年，在 20 世紀受到否定批判的傳統孝道，今天為什麼又要講它？其中的社會必然性是什麼？

第一,「回家」的客觀需要。爲什麼在 20 世紀 90 年代,中國民間社會又重新想找回長期遭到批判的傳統孝道呢?首先是 20 世紀中國社會變遷的必然結果。一般將 1919 年的五四運動看做中國現代史的開端。新文化運動和五四運動的主題是啓蒙,是想用西方的個人本位取代傳統的家族本位,弘揚個性和獨立人格,倡導自由平等成爲新的倫理精神。家庭構成了中國傳統社會的基礎,家庭本位還是個人本位曾經被陳獨秀等人看做中國文化與西方文化的最大不同,當時,基於啓蒙和個性解放的需要,長期被中國傳統文化所珍視的家庭,似乎成爲阻礙國家民族發展、束縛青年個性的羈絆,因此,維護家庭秩序的孝自然也就被認爲是有違於這些啓蒙的核心價值的。正如陳獨秀在《新青年》上所批判的那樣,「三綱」及忠、孝、節等舊道德的危害在於,「一曰損害個人獨立自尊之人格;一曰窒礙個人意志之自由;一曰剝奪個人法律上平等之權利;一曰養成依賴性,戕賊個人之生產力」。五四啓蒙以「打倒孔家店」爲旗幟,將個人從傳統倫理束縛中解放出來,這樣,家庭倫理首當其衝。從傳統家庭倫理中解放出來就意味著在精神上鼓勵青年「離家出走」,這也就是爲什麼在西方屬於一個二三流作家的易卜生的戲劇《玩偶之家》中的女主人公娜拉被胡適、魯迅等人那麼看重和推崇的原因。巴金的長篇小說《家》所告訴人們的就是一個「覺悟的國民」即「覺民」,作爲時代青年的代表,就是要走出家庭,承擔起啓蒙和救亡的歷史重任。

如果說崇尚個人自由、個人本位的啓蒙是從思想上鼓勵青年人「離家出走」的話,那麼,救亡圖存的社會政治責任就要求時代青年必須離家出走,去爲民族和國家盡忠。五四運動的導火索不正是由喪權辱國的不平等條約引發的嗎?日本的步步緊逼以至最後的全面開戰,迫使中華兒女必須奮起抗戰,實現一種全民動員體制,只有保國,才能保家。民族國家的救亡圖存要求青年捨小家顧大家,孝變成了要對民族、國家盡大孝實際上是盡忠。爲了革命,可以組成《紅燈記》中的沒有血緣關係的「革命家庭」,爲了革命可以舉行「刑場」上的婚禮。

在救亡圖存的形勢下,要我們離家出走,要我們捨小家而顧大家,這都有其歷史必然性,但是,新中國建立後,再過度地壓抑家庭的價值,就不利社會的和諧發展。改革開放、市場經濟使中國進入了一個全新的歷史時代,救亡與革命不再是時代的主題,而發展成了時代的強音,發展就要尊重個性,這樣社會才會有活力。市場經濟要求自由平等,要求小政府大社會。政治掛

帥、思想領先已經被以經濟建設為中心所取代，中國很多人擺脫或脫離了過去那種政治化、制度化的生活而過著一種私人化、日常化的生活。在多變的時代，在充滿競爭的時代，家作為情感的港灣對社會個體來說更為重要。20世紀90年代以來，中國社會的市場化程度不斷提高，我們要在新的體制下鑄造一個家，否則我們將無立足之地，只有安居才能保證我們的基本生存，也才能談到樂業，這也許就是中國近20年來特別是近七八年來，房地產業和家庭裝修業不斷發展、成為社會消費和國民經濟的熱點的原因。公民社會的成長就意味著公共領域和私人領域的分離，而家庭恰恰是人們的日常生活領域。這一分離意味著家庭價值重新被肯定重視，從而傳統孝道作為家庭倫理的首要價值就在我們要「回家」的客觀需要中重新獲得了它被重視的客觀理由。

第二，親情的精神呼喚。如果說對家庭價值的重新重視是孝道再次為我們所需要的客觀理由的話，那麼，人們對親情的依賴和需要就是孝道的精神價值基礎。家不僅是指物理空間上的房子，它也是我們的靈魂得到安頓和撫慰的精神家園。1990年代，社會轉型劇烈，國企改制使很多人下崗了，儘管如此，我們在家人的同心協力幫助下渡過了難關。1億多的農民工，背井離鄉去大城市打工，莘莘學子負笈去外地求學，但千里之外的家仍是維繫我們人生意義的心理支柱。一曲《常回家看看》引起了多少人的共鳴，人們在欣賞《歌唱祖國》、《祝福祖國》、《黨啊，親愛的媽媽》、《沒有共產黨就沒有新中國》的同時，也喜歡和嚮往「父親」、「母親」、「妻子」、「兒行千里」等，韓國家庭倫理劇和國內大量家庭親情倫理片的熱播都體現出民眾對親情的呼喚。親情，就是親人之間的情感聯繫和依戀，這種聯繫主要依靠家庭倫理來支撐和維繫。從倫理關係上來說，家就是由親子組成的人倫關係和生活共同體。儘管我們現在很少有五世、四世同堂的大家庭，而大多是親子同居的核心家庭，只要父母在，我們就還有家，沒有父母我們就沒有「家」了，父母不僅是我們生命之所出，也是我們精神之所繫。親子之間的親情，固然少不了父母的慈愛，而孝親則是我們報答父母慈愛的最好途徑。孝親仍然是億萬中國人的道德情懷。人們回到了平凡的日常生活，脫離了過去高度集中的政治與制度生活，社會普遍缺乏一種足以凝聚人心、激動人心的價值理想，那麼，我們的靈魂往哪裏寄託呢？我們在日常生活中發現親情是我們的感情寄託，也只有親情，才是最可靠的，最值得珍惜的。父母的愛和呵護使我們想

到感恩，這就需要我們用孝敬去回報這種愛。

　　第三，傳統文化復興的必然結果。1990 年代特別是進入新世紀以來，隨著我國經濟建設取得舉世矚目的成就，民族自信心的增強，中華文化也出現了復甦的迹象，新世紀以來，特別是近幾年來，可以說我們終於迎來了 21 世紀民族復興的偉大曙光。民族復興，不僅是經濟發展、軍事強大，也包括民族文化的復興、民族精神的重塑。在這種大的歷史背景下，中國民間湧現出一種民族主義思潮，傳統文化受到民間和官方的重視。民間的兒童誦經讀經活動的興起，企業及其他社會人士對傳統文化學習的熱衷，學堂和書院的興辦，互聯網上傳統文化網站的逐漸增多和網友的交流，傳統節日的國家法定化，一百多所「孔子學院」在世界各地遍地開花，和諧社會的治國理念以及和諧世界、協和萬邦的國際觀，所有這些，無疑都反映了 20 世紀 90 年代中期以來中國經濟快速發展以及所謂「中國崛起」所帶來的全民的民族自信與文化自信的增強。

　　當我們在迎接民族文化復興的時候，就自然地要以尊重我們的傳統文化爲基礎，而在中華傳統文化中，孝則是首要的核心文化精神和規範。傳統中國文化在某種意義上，可稱爲孝的文化；傳統中國社會，更是奠基於孝道之上的社會，因而孝道乃是使中華文明區別於其他文明的鮮明特色。在傳統的中國社會與文化中，孝道具有根源性的重要作用。黑格爾在談到中國「孝敬」問題時說：「中國純粹建築在這一種道德的結合上，國家的特性便是客觀的『家庭孝敬』」。孫中山先生在其《三民主義・民族主義》中指出：「《孝經》所言的孝字，幾乎無所不包，無所不至，現在世界上最文明的國家，講到孝字，還沒有像中國講到這麼完全」。孝是中華傳統倫理的核心觀念與特色，也是中華傳統倫理體系的始基與諸德之首，這也就是俗語所說的「百善孝爲先」。

　　正因爲孝在中國文化中的這種特殊性，因此，當我們在新的歷史條件下重新尊重自己的傳統文化時，就會自覺地首先想到我們傳統文化的精神基礎——孝。這種意識在知識分子中也許是自覺的，在老百姓中可能是不自覺的。但他們卻會自發地想到弘揚孝，這是爲什麼呢？實際上，儒家文化是中國傳統社會占統治地位的文化，該學派的思想在民眾中產生最大影響的觀念和規範就是孝，因爲孝在儒家文化中就是始德和首德，是行仁之本，它具有很強的實踐性，又因爲我們每個人都是或曾經是爲人子女，因此孝與我們的日常生活有著極爲密切的聯繫。實際上從漢代以後，在老百姓中影響深遠的第一

觀念其實並不是仁而是孝，它不僅是人們的首要價值觀念，而且是人的首要義務。孟子說：「不得乎親，不可以爲人，不順乎親，不可以爲子。」（《孟子·離婁上》）也就是說，一個不孝的人，似乎連做人的合法性都沒有了，因此，每個受到中華文化浸潤的人當社會環境不再激烈反對傳統時，就會首先想到自己的倫理本分——孝。

二、弘揚：孝之當代價值

上面分析了在今天我們爲什麼又要講孝，這是孝的傳承的客觀性，傳承是爲了弘揚，那麼，爲什麼要弘揚孝呢？換句話說，孝作爲一種傳統價值和道德，它對我們現代社會生活有哪些助益呢？在我們看來：

第一，有助於當代社會養老問題的解決。我國從 1999 年起已經進入老齡社會，世界上 1 億人口以上的國家只有 9 個，而中國目前的老年人卻有 1.6 億，據人口學預測，到本世紀中期，中國老齡人口將達到 4 億多，如何使老年人「老有所養」，國情和實踐證明，僅靠社會與個人養老還是不夠的，還需要繼續發揚傳統中國以孝道文化爲基礎的家庭養老的作用，才能更好地解決老有所養的問題。

孝的觀念是傳統中國家庭家族養老的文化價值基礎，從主體實踐的角度看，可以說是歷代中國人持續不斷的孝行養活了中國人自己。另外，家族社會、農業社會的社會基礎，家國同構的社會結構，聚族而居的生活方式，歷史悠久的孝道文化，強有力的政治法律制度保障，都保證了孝在傳統中國社會強大的養老功能的發揮。

從傳統中國人的實踐看，傳統養老主要依靠子輩的孝道實踐即孝行。孝是傳統中國家庭家族養老的唯一方式和主要力量。民眾認爲「養兒防老」就像「積穀防饑」一樣天經地義。千千萬萬中國人的孝行贍養了年邁的父祖，不僅使他們的生存有了可靠的保證，而且維護了家國同構社會的穩定，也創造出了中國人獨有的孝道文化傳統。

孝道在傳統中國發揮養老的作用有與之相適應的文化、社會基礎和制度保證。孝道文化與家族社會有非常一致的自洽性和高度的契合性，是一種相互支持的關係。聚族而居的生活方式又爲孝道養老提供了空間上、時間上、經濟上等諸方面的保證。社會孝道文化的倡導，以孝治天下的政治策略，求忠臣必出於孝子之門，舉孝廉、省親、存留養親、喪親的相關政治法律制度，

「五刑之屬三千，而罪莫大於不孝」(《孝經·五刑》) 的嚴懲不孝的法律制度，都從諸方面保證了孝道養老的最大效力。在某種意義上說，在傳統中國是孝爲所有的老年人養老送終，這就是傳統中國人的生活方式和歷史現實，這種孝道養老文化是觀念、行爲與制度的統一，這種統一保證了孝道在傳統中國是家庭（族）養老的主要方式和可靠保證。

雖然社會狀況和生活方式發生了很大變化，但也有某些不變的國情和文化傳統，比如，我國的農業人口雖然較之以前有所減少，但仍然有 70% 的老人生活在農村，其經濟來源和生活保障還主要來自子輩的供給，家庭養老在廣大農村仍然是最重要的養老方式，老年人如果離開了子輩的經濟供給將失去生活的經濟來源，如果離開年輕人的體力幫助，生活也會發生困難。儘管不再是大家庭聚族而居，甚至父母和成年子女也不在一起居住，但這並沒有從根本上割斷血濃於水的親情，中國人還是非常重視家庭親情，家庭仍然是人們的精神家園，父母仍然是人們心靈的港灣，孝親仍然是大多中國人深厚的情懷和實踐，儘管有孝親與工作、地域、居住、小家庭的諸多矛盾，但這也並沒有影響很多人履行自己孝親的倫理義務。經濟供給、體力付出和照顧、精神關懷，這仍然是很多人的孝道實踐。從中國當前的養老方式看，雖然自助養老、社會養老有一定的發展，如在城市，很多老年人因爲有足夠的退休金，在經濟上完全可以實現自養，大部分身體狀況良好的老年人也能夠實現生活自理。社會養老，在城市除了退休金外，還有社會統籌與社會保障、敬老院甚至還有一些通過商業機制建立起來的養老機構，但這些養老方式在中國當代社會所佔比例較小，而且受到諸多社會地位、經濟條件的限制，其實在短時間內是不會有很快發展的，加之我國是個發展中大國，人口基數很大，在相當長的時期內，很難指望像某些西方發達福利國家那樣，以社會和國家福利的形式全部解決養老的經濟供給問題，因此可以斷言，在相當長時期內，家庭養老仍然是中國大多數家庭主要的養老方式。加之孝道文化歷經幾千年，也變成了老年人的一種文化精神需要，許多老年人還是不能接受養老院養老而比較接受子輩的孝道養老方式，這不僅使老年人老有所養，也通過子輩的悅親而使老年人老有所樂，這種精神價值是其他養老方式不能滿足的。未來中國社會的養老方式在我看來是：自助養老、家庭養老、社會養老三位一體的結構。

第二，有助於親子關係和代際關係的和諧，進而推動和諧社會建設。現代中國社會，雖然人們的生產、交往活動的很大部分已經不再集中於家庭之

內，但家庭關係與家庭生活仍然是中國人最重要的人際關係和生活單位，現代中國的絕大部分人仍然有著非常深厚的家庭情結，親子關係的和諧價值仍然為人們所珍視。雖然現代親子關係要建立在平等的基礎上，要倡導父母應慈愛子女，但仍然要大力提倡孝這一傳統美德的合理內核即要養敬父母。現實生活中，在農村，子女養父母的狀況並不樂觀，而在城市，由於經濟條件相對較好，因而養的問題相對不突出，但在精神上關心尊敬父母的狀況也並不是太好，分居的家居模式，繁忙的工作，都使他們很難做到「常回家看看」，更不用談「承歡膝下」了。孝不僅是養親，更重要的包括精神上的愛親、敬親、悅親，不僅從物質上贍養父母，而且在精神上愛敬父母，使父母享受兒女的孝敬，精神上感到愉悅，這無疑會使親情更加濃厚，親子關係更加親密，家庭更加和諧。因此，我們要在道德建設過程中，通過學校、單位、社會等各種途徑，對公民進行孝的優良傳統美德教育，從而建立和諧的親子關係、和睦的家庭關係，只有家庭和睦，才可以促進社會和諧。

「老吾老以及人之老」，不僅愛戴、尊敬自己的父母，也要由此推擴，要普遍地愛天下一切人的父母，使社會進一步形成尊老的良好社會風尚，從而推動代際和諧。社會和諧不僅包括各個社會階層、不同性別的人們之間的團結，也包括代際之間的和諧。雖然現代代際關係的最終目標是建立一個「不分年齡人人共享的社會」，也就是說，在社會代際關係中，應該樹立一種老少平等的代際關係，但也不可否認，中國傳統的尊老文化仍然是一種傳統美德，它對中國進入老齡社會後，社會養成敬老尊老的社會風尚仍然有積極意義。對老年人的尊敬和關懷，是現代文明社會的重要標誌之一。另外，傳統孝道本身蘊含著在家能有孝親的責任感，則在社會上就會產生「好犯上作亂者鮮矣」的社會作用的精神機制，因此，弘揚傳統孝道，會為維護社會穩定提供一種倫理精神和人格的內在保障。

第三，有助於推動當代社會的道德建設，提高公民的道德素質和社會責任感。如果拋棄了傳統孝道的政治功能，那麼，孝作為人的倫理責任心的源頭和實踐道德的首德，這一內在機制在當代社會的道德建設中並沒有改變。確實，人最早接觸的人際關係就是與父母的關係，人間的慈愛與呵護首先來自於父母，人總是在他人的愛中感受愛，體驗並形成最初的道德責任感的。因此，愛團體、愛社區、愛民族、愛國家的道德心與責任感，首先都是產生於愛父母的感情中。一個人的初始責任也是對父母的責任。人的道德成長正

是把這種責任感不斷地擴充、昇華而形成對他人及社會的愛與責任。因此，我們對處在道德發展的青少年，一定要重視對其進行孝敬父母的教育。在中國文化中不太強調代際的獨立與斷裂，因此，一個人不管年齡多大，只要父母健在，仍然是兒女，不能擺脫孝敬父母的責任。而每一個社會成員大多具有爲人子女的身份，因此，要求每個人孝敬父母實在是培養公民道德素質的起點。傳統中國之所以能把孝泛化，一方面是因爲孝的主體是廣泛的，另一方面孝作爲道德的起點與內在精神即愛與責任也有進一步擴充、昇華的可能性，以至於從孝敬父母中可以昇華出愛他人、愛民族、愛國家的社會責任感。

孝的倫理精神本質是愛、敬、忠、順，這是一切道德的內在精神源頭和基礎，一個不從精神上愛、敬父母，從行動上忠、順父母的人，何談對他人盡責任，「孝爲仁之本」、「德之本」，首先在於它確是一切道德的精神實質，另外也是「行仁」「行德」之起點，這也許就是中國民間社會所說「三歲看大，七歲看老」的原因。「愛人」之仁是從「孝親」之愛中昇華出來的，因此，孝不僅是「德之本」，也是「教之所由生」，我們要重視孝這種始德、首德的作用，以此爲起點，推動當代社會的道德教育，提高公民的道德素質和社會責任感。

第四，有助於構建中華民族的精神家園，提高中華民族的凝聚力。孝最初具有尊祖敬宗的意識，祖國就是我們的父母之邦，孝的這種認祖歸宗的意識曾經是中華民族族類認同與團結、愛國愛邦精神的淵藪。我們不僅要對父母行孝，而且要對民族、國家行大孝，我們都是炎黃子孫，我們都是龍的傳人。維護祖國統一，弘揚光大中華文化，推動中華民族復興是我們每個中華兒女的共同責任。我們要在孝的精神價值基礎上，團結起來，不僅要爲中華民族的復興和統一而奮鬥，而且發揚「民胞物與」、「協和萬邦」的仁愛精神，爲建成一個充滿愛的大同世界、和諧世界而努力奮鬥。

孝是民族認同、民族團結、民族振興的精神基礎，是中華民族凝聚力的核心。孝，最初的含義並不僅是指我們今天所說的「善事父母」的子德，而首先是建立在祖先崇拜基礎上的「尊祖敬宗」的宗族道德，體現著一種返本報初的道德精神和「繼志述事」的歷史責任感。每一個民族都有其產生與發展的血統和道統，一個民族的認同首先在於族源的認同。對於中華民族來說，我們都承認自己是炎黃子孫，我們不僅要對自己的親祖行孝，而且要對民族行大孝。對民族行大孝的思想基礎則是認爲我們是炎黃子孫的一員，我們有

責任「繼志述事」，為民族興旺發展經濟，創造文化，為民族尊嚴而死，為民族延續而生，促進民族進步和興旺。散居於世界各地的炎黃子孫，紛紛來黃帝陵拜祭，雖年年歲歲人不同，但歲歲年年心相似，那就是追孝敬祖，因為黃帝是大中華民族共同的元祖。自古中國人視報效祖國如同追孝先祖，是人世最大的孝義和大德，也具最崇高的價值。對於當代中國人來說，孝是聯結世界五千萬華僑的心脈。認祖歸宗，落葉歸根，是中國人對自己的終極關懷，是其歸依感的落腳之處。

孝是愛國報國心的根源。「祖國」是從「祖籍」——祖先居住之籍演變而成的。愛國即熱愛祖國，緣親祖而愛國。愛國思想是親親感情的連鎖效應，愛國主義是孝意識的演延結果。自古以來就有「父母國」、「父母之邦」（《論語・微子》）的說法。「父母國」、「父母之邦」，即言父母所在方域、所在之國，也就是指自己「根」之所在，猶如「祖國」。

三、超越：自由平等基礎上的新禮治秩序

那麼，我們今天要弘揚的孝，是不是將傳統孝道原封不動地加以照搬呢？當然不是，我們既要尊重傳統，又要進行現代性的轉化超越，從而實現傳統和現代的有機結合，這是由於我們的社會就處於一種由傳統向現代的轉化過程之中。傳統並不是一個絕對時間上的概念，而是一個文化學意義上的概念，即傳統就是仍然活在今天的過去，換句話說傳統之所以還能存在，就在於其在現代仍有其合理性。因此，傳統孝道的現代轉化的實質主要是實現這種傳統精神與現代精神的內在統一。我們不能像過去那樣堅持二元對立思維，似乎認為凡是傳統的必然是反現代的，是不能融入現代精神中的，而現代的必然是與傳統格格不入，勢不兩立。實現傳統孝道的現代轉化超越，涉及的問題很多，從其內在倫理精神的角度看，我認為最重要的就是正確處理傳統倫理的角色等級秩序和現代倫理的自由平等精神的關係，在此基礎上，建立一種自由平等基礎上的新的禮治秩序。

家是中國傳統社會和中國文明的基礎，家國同構是傳統社會的特質。傳統禮教和禮治秩序的核心是家庭倫理，因為絕大部分人在傳統中國是生活在家族裏，有能力、有機會參與政治生活的人畢竟是少數。儒學的基本精神就是親親、尊尊、長長。這是說傳統家庭倫理不僅是建立在人類親情的自然情感基礎上的，而且也是建立在尊尊、長長的有差別、有等級的人倫秩序和道

德理性自覺上的。傳統孝道集中體現了儒家這種倫理精神即親其親，這是孝道得以建立的自然親情基礎，尊其尊，因爲孝道是晚輩對長輩的倫理情感和倫理義務，因此，它首先是愛，其次也是敬，不僅敬其長輩親祖，而且要尊敬一切長於自己的兄長，這就是長其長即悌道，而傳統孝悌之道是相聯繫的，是內在統一的。因此，傳統孝道的精神實質，必然內在地具有人倫角色差別基礎上的尊卑等級秩序，這在某種意義上也是一種自然的秩序。這也就是傳統家庭倫理中爲什麼上對下的愛被稱爲「慈」，而下對上的愛則稱爲「孝」，我想每個中國人可能都有照全家福的經歷，一般來說都是長輩坐在中間，而子孫輩則被按長幼順序依次坐在兩邊或站在後面，我想每一個中國人都沒有人懷疑這種安排的合理性，總不能說要平等，就一定要老爺爺和小孫子一塊站著甚至讓晚輩坐著，長輩站著。這個形象的例子本身就喻示著傳統孝道中所蘊含的這種親親、尊尊、長長的倫理秩序是有其合理性的，是有客觀必然性的，是人類家族倫理關係和合理生活方式的集中表達和體現。

對這種等級差序的維護就是人倫秩序和禮治秩序。正如費孝通先生在《鄉土中國》的「差序格局」一節中所分析的那樣：「倫是什麼呢？我的解釋就是從自己推出去的和自己發生社會關係的那一群人裏所發生的一輪輪波紋的差序。」「倫重在分別，在《禮記·祭統》裏所講的十倫，鬼神、君臣、父子、貴賤、親疏、爵賞、夫婦、政事、長幼、上下，都是指差等。『不失其倫』是在別父子、遠近、親疏。倫是有差等的次序……《禮記·大傳》說：『親親也、尊尊也、長長也、男女有別，此其不可得與民變革者也。」〔註1〕這裡所言其不變者，是說這種建立在自然親情基礎上的人倫差序是天然合理的、永久不變的。

所謂禮治秩序就是對這種人倫秩序的制度化、規範化的確認。禮作爲中國古代社會的「法制之名」、「人之規範」，其宗旨在於維護等級制度。因此，禮的根本精神、原則是「分」、「別」、「序」，即辨別、規定等級區分，使等級關係有序化。「上下有義，貴賤有分，長幼有等，貧富有度，凡此八者，禮之經也。」（《管子·五輔》）「禮者，貴賤有等，長幼有差，貧富輕重皆有稱者也。」（《荀子·富國》）一旦確立禮的規範，人們便能由知禮而恭敬，由恭敬而禮讓，於是「少長貴賤不相逾越」，最終則「亂不生而患不作」（《管子·五輔》）。就是說，如果人人都按禮的規定，安於自己的等級地位，並尊重他人

〔註 1〕費孝通：《鄉土中國》，北京：生活·讀書·新知三聯書店，1985 年，第 25 頁。

的等級地位，社會自然安寧。正像後來程頤所說：「只有一個尊卑上下之分，然後順從而不亂也。」(《河南程氏遺書》卷 18）禮的任務在於使人「明分」，禮的效應則是使人「安分」，而安分的前提則在明分。由明分而安分即可免除爭心，社會即可有序，天下得以天平。在漫長的中國歷史上，禮在這方面確實起了不可忽視的作用。

因此，傳統孝道必然內含著人倫角色差別所造成的等級秩序，長幼親子之間關係不全然是平等的。另外，在家庭中，晚輩也不是全然自由的，父母親祖不僅是子孫肉體上的養育者，而且是子孫精神上的教育者，家庭不僅是一個生活的共同體，在現代學校興起之前，還主要承擔著教育的職責，「子不教，父之過」，這種教育自然包含著長輩對晚輩的管束、引導，因此，子女在長輩面前就不是全然自由的。經過近百年的自由主義啟蒙，似乎人們忽視了家庭倫理和傳統孝道的這種精神本質或者不敢談了，似乎一談到等級約束的禮治秩序必然是落後的，我們今天就是要理直氣壯地揭示這種倫理的合理性。

吳飛先生告訴我們一個很深刻的道理：西方現代社會所提倡的自由、平等原則，不僅首先不是從家庭開始的，甚至很多重要的思想家從未想到過要把這一原則貫徹到家庭當中。〔註 2〕比如自由主義理論的奠基者之一洛克就非常強調家庭與政治社會之間的差異，認為家庭乃是一個自然的共同體，未成年的子女對父親的服從是天經地義的；只有在家庭之外的個體之間，才是完全平等的，才需要建立社會契約。連羅爾斯這樣標準的自由主義思想家，都不大願意將他所倡導的正義原則用於家庭。父母與子女之間，並不是完全平等的自然人之間的關係，而是成人和兒童的關係。家庭之所以有存在的必要，是因為未成年人與成年人之間事實上是不平等的。要使未成年人成長起來，獲得和成年人同等的知識和社會經驗，成為自由社會的合格公民，就必然需要父母的教育和培養。在物質肉體上養育孩子，在精神上教養孩子，這不僅是父母親祖的權利，也是他們的義務。追尋孝道，無疑是要回歸傳統和保守，但這種傳統和保守已經具有和滲透了現代性的自由與平等元素。親子之間不僅應該是自由平等的關係，而且還需要以有差別、有等級的禮治秩序加以維護。

經過近百年的自由主義的啟蒙，現代中國人的親子代際關係已經發生了非常大的變化，自由和平等的精神逐步深入實際的親子關係。實際上當代年

〔註 2〕吳飛：《自由中國新禮制：從家庭出發》，《文化縱橫》2009 年第 2 期。

輕一代是相當自由的，家長的約束已經相當少了，孩子有自由求學的權利，而不再受「父母在，不遠遊」的約束，甚至有些孩子連「遊必有方」、「出必告、返必面」也做不到了。有自由戀愛的權利而不再受「父母之命，媒妁之言」的約束，甚至「不告而娶」，或者反過來干涉再婚再嫁父母的婚姻自由權。親子關係也實現了相當程度的平等，親子之間不僅講敬，更講愛，孩子的權利也受到父輩的尊重，現在如果父母偷看了孩子的信件，就看做侵犯了孩子的隱私權，當今的很多父母實際上已經能做到這一點並有尊重孩子權利的意識。過去家裏有好吃的，要首先給家長吃，現在孩子都獲得了優先權。父母親祖爲了兒女子孫，任勞任怨，無怨無悔。近百年來的啓蒙，其主題就是反對傳統的父權對子輩的壓抑，爭取和維護子輩的權利。過去我們批判孝道的一個重要理據就在其壓抑了子輩的個性和人格。這一點使我們多年都不敢理直氣壯地講孝了。可是，現在的代際關係不是父輩在壓抑子輩了，而是子輩不壓抑父輩就算好了，因爲子輩已經變成「小皇帝」、「啃老族」了。因此，我們只好再回到傳統保守主義的立場，重新反思當代的親子關係。總之，近百年的自由啓蒙，我們在親子代際關係上取得的進步是明顯的，子輩的自由平等權利是獲得了很大發展的。看來只有在自由與保守相統一的基礎上才能建立一種眞正的和而不同的親子代際平等關係。

孩子小時父母養育他們，在父母看來，這是天經地義的，是他們的責任，也是他們的快樂。而當父母年邁時，孝道要求子輩要懷抱報恩意識，去奉養雙親，這不正是一種平等嗎？這種建立在自然秩序基礎上的生命互養和呵護不正是一種正義嗎？絕對的不加分別的平等必然使父母無法教育子女，父母如果沒有教育權威，教育如何能進行呢？家庭中的平等絕不是要消滅長幼秩序和角色差異。爺爺與孫子之間人格價值的平等，絕不意味著爺爺與孫子必須擁有一樣多的財產，做完全相等的工作，得到完全一樣的照顧。

總之，傳統禮治秩序的根本精神就是分，也就是強調差別和等級尊卑，也是「份」，即倫份或者就是我們每一個人的角色責任。親子關係是一種長幼關係，自然存在著差別和等級。建立新型平等的代際關係，必須是融合了這種等級差別的自由平等。試想，親子關係如果眞正變成了完全自由平等的「朋友關係」，那麼，也就是說，我想和誰交朋友就和誰交朋友，如果哪一天我認爲父母親祖對我不好，我就可以像拋棄朋友那樣拋棄父母，這能行嗎？那不意味著親子關係的徹底解構嗎？平等在傳統文化中本身被看做友道，它是不

同於家庭尊卑有等的倫理秩序的。家庭內部的平等只能是這種各安其分的平等、各盡其義務的平等即父慈子孝的平等，而絕不可能變成父孝子慈。看來，既要平等，又要身份差別，既要自由，又要秩序，這才是眞正的「建立一個不分年齡人人共享的社會」的代際關係的必由之路。對傳統孝道的創造性超越，不僅要吸納現代性的自由平等精神，而且要尊重身份差別、人倫秩序的傳統倫理精神，從而建立一個在自由平等基礎上的新的禮治秩序。

我們這樣講似乎在極力維護傳統的保守精神，在一定的意義上也可以這樣說，因爲「保守」一詞本身就意味著對傳統的尊重和繼承，只是在現代中國語境中長期以來似乎賦予了「保守」這個詞以過多的貶義。我們的最終目的還是要力圖實現傳統與現代的統一，這也就是我們所說的創造性超越的意思。正是因爲近百年來，西方文化的強勢，自由啓蒙思想的強勢，我們在強調親子關係的自由平等方面已經取得了非常大的人人可見的成就，但是另一方面，在對待傳統孝道和親子關係方面，我們缺乏一種對傳統的正確體認，而採取了一種簡單批判的態度，在建立現代倫理秩序時，只強調了自由平等而漠視等級秩序的存在，我們不知道自由應該是有約束的自由，平等是有差別的平等，否則就不符合人類家庭親子關係的本質。我們今天在重新反思傳統孝道的現代價值時必須正本清源，找回我們曾經失落的傳統價值和保守精神，從而在傳統與現代、自由與保守相統一的基礎上建立一種創造超越的新孝道。

（原載《社會科學戰線》2010 年第 2 期）

孝道的生命崇拜與儒家的養生之道

近年來，隨著社會文明程度的提高，民眾越來越注意養生智慧的探尋，這本身就是社會進步的顯著標誌。同時，隨著傳統文化的復興，作爲中國傳統文化特別是儒家文化源發性、根源性和核心性的價值觀和倫理規範的傳統孝道也越來越受到中國民間社會的重視，那麼，孝道與養生是何關係？作爲長期在中國傳統文化中佔據主導地位的儒家文化在養生觀上持有怎樣的觀點？儒家的養生之道具有什麼樣的特點？這是我們想探討的問題。

儒家是一個道德學派，也就是說其學說的核心與最高價值追求是道德，道德是判斷一切事物的價值標準。孝道在儒家學說中是一種源發性、綜合性的觀念和道德規範，在我們看來，孝道是源於生命崇拜和延續以及代際生命呵護和群體互養而產生的，孝親責任是中國人養生的終極價值根據，儒家的養生之道由其重視道德的特點所決定，主要體現爲仁者壽、智者樂的以德、智養心的養生樂生智慧。

一般人可能覺得我國傳統文化中的養生智慧主要是由道家、道教和傳統中醫提供的，這從一般意義上講也是沒錯的，由於道家是一種退隱的思想，因此，他們更加注意一己之生的護養，道教作爲土生土長的本土宗教，其旨趣就是追求長生不老，中醫本身就是中國傳統文化的有機組成部分，甚至有學者認爲中醫主要是在道家和道教的口袋裏發展的。但如果再深入探討一下的話，就會發現，作爲我國傳統文化中長期佔據主導地位的儒家學說，不可能在人的生命及其護養這麼重大的問題上失語，而是有它自己特有的理論和智慧。其生命哲學和養生智慧較之道家、道教和中醫的具體之「術」，更體現出一種終極價值根據的形而上之「道」的特點。

一、孝道的價值基礎：生命崇拜和代際互養

何爲孝，現在的人一般都以漢代許愼《說文解字》中的「善事父母」來解釋，其實，孝之初始涵義除了這一點外，還有尊祖敬宗，生兒育女、傳宗接代兩層含義。孝的三種基本含義均是以生命崇拜和延續以及代際群體互養爲價值基礎的。孝以中國文化特有的方式解決了生命之所源、所存、所續的問題。

第一，生之來源。《禮記・祭義》云：「身也者，父母之遺體也。」《孝經・開宗明義》即云：「身體髮膚，受之父母，不敢毀傷。」而《禮記・郊特牲》又云：「萬物本乎天，人本乎祖，此所以配上帝也。」可見祖先父母，乃生命之源頭，「是故仁人之事親如事天，事天如事親。此謂孝子成身。」（《禮記・大昏解》）而《孝經・聖治》篇更云「孝莫大於嚴父，嚴父莫大於配天。」「嚴父」而竟可以「配天」，就是因爲其是我之生命的來源。《禮記・大傳》云：「人道親親，親親故尊祖，尊祖故敬宗。敬宗，尊祖之義也」。這也就是說孝道之所以要求人們要尊祖敬宗，就是因爲祖宗是我們的生命之源，因此，人要不忘本，不忘記自己是從哪裏來的，就要報本返初，尊祖敬宗。

第二，生之所續。孟子曰：「不孝有三，無後爲大。」（《孟子・離婁上》）「父母生之，續莫大焉。」（《孝經・聖治章》）父母生下的兒子，上爲祖宗流傳後代，下生子孫繼承宗嗣。家族的繼續綿延莫大於此。如果說尊祖敬宗出於祖先崇拜，那麼，後者則是出於生殖或生命崇拜。

20 世紀 20 年代周予同先生發表了《「孝」與生殖器崇拜》一文，第一次揭示了「孝」與生殖崇拜文化之間的淵源關係，指出「儒家的思想爲其出發於『生殖器崇拜』與『生殖崇拜』，所以郊天祀地，祭日配月，尊祖敬祖，迎妻納妾等一套把戲，都與『孝』有一貫的關係。」「因爲崇拜生殖，所以主張仁孝；因爲主張仁孝，所以探原於生殖崇拜；二者有密切的關係。」〔註1〕有人認爲「孝」字從「爻」（從「交」）暗示這跟男女交合有關，至於從「子」則表明「孝」也跟生育有關。「『孝』的原始字形傳達的信息是男女交合，生育子女」〔註2〕。金文中的「孝」大多是以求子爲目的的一種祖先祭祀，即祈求祖先的在天之靈保祐多子多孫。例如《追簋》：「用享孝於前文人。」（《三代古金文存》9.5）這也表明周人的「孝」觀念中已滲入了祖先崇拜的因素。

〔註 1〕周予同經學史論著選集〔M〕，上海：上海人民出版社，1983，P71、77。
〔註 2〕宋金蘭，「孝」的文化內涵及其嬗變〔J〕，青海社會科學，1994，（3）。

而祖先崇拜的情愫就是孝，因而說，孝是源於生殖崇拜和祖先崇拜。正因爲祖先是我的生命之所生，因此，崇奉祖先就是要把祖先的生命延續下去，生生不息，因此，生兒育女，傳宗接代，就不僅成爲我輩對祖先、過去之責任，也是對子孫、未來之責任。

孝的這種初始含義在儒家早期經典裏似留有一些原始痕迹。如《大戴禮記・曾子大孝》：「孝有三：小孝用力，中孝用勞，大孝不匱」。《孟子・離婁上》：「不孝有三，無後爲大」。都把傳宗接代擺在首位。孝是保障人口綿延的一套規則，它要求每個社會成員要把組織家庭、生育子女當作義不容辭的義務，否則就會受到社會的歧視和懲罰。《易經》曰：「天地之大德曰生」。天地使萬物化生，而男女夫婦之合才有子女，有子女，父母才有可能成爲子女盡孝的對象。子女善事父母，「繼述先人之志」，皆出於對己之生命之源的崇拜、認同與回歸。「先祖者，類之本也……無先祖，惡出？」父母是我輩生命的直接源泉，是祖先在現實的象徵與代表，因此，珍視生命，首先要善事父母，報答父母養育之恩。因而崇拜祖先與孝順父母是吾人對天地生生之德的追思與孝道的表現，孝之本源，當源之人對「生生之德」的崇敬之意。就「生」之德言，父母、祖先與天地同功，故以祖配天，以祭祀祖先來表達孝思。不僅要珍視生命之所源，生命之所出，而且要延續祖先之生命，生兒育女，傳宗接代。「不孝有三，無後爲大」，即在延續天地生生之德。因爲唯有生命的繼續存在，才能繼先人之志，一切文化理想的實現才有可能。「孝即肖」，也就是要像。換言之，就是要傚仿（法）先人、父祖創業維艱，積極進取，努力不懈的剛健精神。剛健就是永遠運動，永遠前進，而非僅止於崇拜祖先所給後人的恩澤，在其餘蔭之下祈福納祥。歷史文化的發展就在這種生生不息的創造中持續不絕。人的情志也在對過去的懷戀與尊重，對現實人生的珍視與熱愛，對未來的憧憬與信心中得到勉慰，而使中國人有一生命論基礎上的形上信仰和心靈安頓，因此，生命崇拜的貴生意識實爲孝之本質，是生生不息把天地、祖宗、父母、己身、子孫、過去、現在、未來貫通連接起來。

第三，生之所存和代際群體互養。祭祀祖先，生育子孫，這是基於孝的宗教情懷的人生義務，而珍視生命，善事父母，並相互保護，這是人之現實義務。中國傳統孝道不僅重視人的生命的來源、永續，而且還非常重視現實生命的存在與互養。珍惜生命，不僅要分別珍視自己與父母之現實生命，而且要相互保護。從某種意義上說，孝是人類親代之間（或者說個體生命歷程

的不同階段）的具有普遍意義的相互保護的機制。人人都要經歷從出生到被養育成人的過程。而人人又必有一個從青年到衰老從而需要「反哺」的過程。從個體之間的關係來看，似乎孝是個體之間，或者具體一點講，是下輩個體向上輩個體償還養育之恩；但若將個體的生命歷程分解開來，每個人在一生中都要充當下輩和上輩的角色。這樣，下輩對上輩之報答，除去維繫和穩定家族和社會秩序的作用外，更重要的大概應是出於生命個體對自身的保護。人類生命要得以延續，就必須具有強有力的自我保護措施，這就是父母的養育。但衰老的人類生命個體則猶如瓦霜殘燭，若無年輕人的護理，其抵禦自然變化的能力也是極為弱小的。若將下輩報上輩養育之恩轉換成年輕人報老年人養育之恩，則可見，所謂下輩對上輩之還報不過是生命個體自身的不同階段之間的互助而已，或者說是生命個體的青春之健壯對幼年之弱和老年之衰的彌補方式。可見，「孝」在一定意義上可以說是生命個體相互保護的手段和機制。

現實的生命總是有限的，因此，人子「善事父母」，首先要養親，「用天之道，分地之利，謹身節用，以養父母，此庶人之孝也。」（《孝經・庶人章》）養敬父母，要憂父母之年，憂父母之身疾。「子曰：『父母之年，不可不知也。一則以喜，一則以懼。』」（《論語・里仁》）「孟武伯問孝，子曰『父母唯其疾之憂』。」（《論語・為政》）為什麼要「懼」要「憂」，因為父母之「年」是有限的，父母之疾是導致現實生命死亡的重要因素。因而，與其祭之豐，不如養之厚。「曾子曰：『往而不可還者，親也，至而不可加者，年也。是故孝子欲養，而親不逮也。是故椎牛而祭墓不如雞豚逮親，存也。』」（《韓詩外傳・卷七》）可見，這是多麼理智而現實的態度啊！孟子說：「君子有三樂，而王天下不與存焉。父母俱存，兄弟無故，一樂也；仰不愧於天，俯不怍於人，二樂也；得天下英才而教育之，三樂也。」（《孟子・盡心上》）在這三樂中，第一樂就是期求父母健在，兄弟安全無恙，竟然排在第二樂道德尊嚴之樂和第三樂教授傳道之樂的前面，可見儒家對養生和家人平安的重視。

二、孝親責任是中國人養生的終極價值根據

在重視孝親和積極入世的價值前提下，儒家是非常重視身體和生命價值的。《孝經・開宗明義章第一》說：「身體髮膚，受之父母，不敢毀傷。」「身也者，父母之遺體也，行父母之遺體，敢不敬乎？」（《禮記・祭義》）儒家之

孝道，首先表現爲對生命生生不息的肯定和對血緣關係的眷戀。珍視生命，首先要珍視自己的身體，因爲自己的身體是父母給的，是父母、祖宗生命的延續，同時也是開啓家族生命的基礎。孔子的弟子曾子死時對他的弟子們說：「啓予足，啓予手。」（《論語‧泰伯》）讓弟子們看看自己的身體是完整的，沒有損傷並以此爲驕傲。曾子說，自己在生活中「戰戰兢兢」，「如履薄冰」，十分注意不使自己的身體受到損傷。這是因爲他認爲自己的身體是受之於父母。《大戴禮‧曾子大孝》中記述了樂正子春的故事：樂正子春出門時不小心傷了腳。傷痊癒以後，仍然幾個月不外出，而且面有憂色。他的弟子問這是爲什麼？樂正子春說出了曾子的前面的一段話，並說，傷了腳是自己「忘記了孝道」，爲此而反省，所以面有憂色。上述都說明，中國人是非常重視現世生命存在的。中國自古以來，養生理論之發達，也許就是基於孝道這種珍視現世生命的哲學理念。個體生命和身體的養護是基於孝親的責任。如果不能養護好自己的身體，生命不存在了，何以贍養父母？如果自己都病病歪歪，如何對父母親祖行孝？因此，「孝子不服暗，不登危，懼辱親也。父母存，不許友以死，不有私財。」（《禮記‧曲禮上》）「不登高，不臨深」，不立於危牆之下，甚至「危邦不入，亂邦不居」（《論語‧泰伯》），時刻要保護自己的身體安全健康。在大眾俗文化中，我們常常也把白髮人送黑髮人看作是人生最大的悲哀之一。

不僅要守身護體，而且要行善防惡，不因社會原因而傷及身體，這也是孝親，同時也是以德養生。孟子說：「事，孰爲大？事親爲大。守，孰爲大？守身爲大。不失其身而能事親者，吾聞之矣。」（《孟子‧離婁上》）可見人子能守身才能盡到事親之道。守身就是要堅守做人原則，愛護身體，珍惜生命，勿爲非作歹，玷辱父母，至陷於不義，而枉父母之生。朱子注云：「守其身，使不陷於不義也；一失其身，則虧體辱親，雖日用三牲之養，亦不足以爲孝矣。」在守身方面，荀子尤其反對與人爭鬥，他說：「鬥者，忘其身，忘其親，忘其君也。行其少頃之怒，而喪終身之軀，然且爲之，是忘其身也。室家立殘，親戚不免於刑戮，然且爲之，是忘其親也。君上之所惡也，刑法之所大禁也，然且爲之，是忘其君也。憂忘其身，內忘其親，上忘其君，是刑法之所不捨也，聖人之所不畜也。」（《荀子‧榮辱》）此告誡人子，不要逞一時之憤怒，與人爭鬥，致喪失自身寶貴的生命，這豈不是太不愛惜生命，而且自忘其身，所造成的後果，不但使家室殘破，甚至陷親人於刑戮之禍。

儒家重視養生之道的探索，體現了儒家對人的生命價值的重視。《周易·繫辭下傳》所說：「天地之大德曰生。」「天地之性人為貴。」「季路問事鬼神。子曰：『未能事人，焉能事鬼？』曰：『敢問死。』曰：『未知生，焉知死。』」可以清楚地看到，孔子是重視人的生命價值的。但是儒家重養生並不是僅僅為了長壽，而是為了去實現他們所主張的人生價值和社會抱負。在他們看來，人的生命是實現理想的前提，孔子說：「愛其死以有待也，養其身以有為也。其備豫有如此者。」（《禮記·儒行》）養生以準備在現實生活中有所作為，這是儒家養生思想的根本出發點，也是儒家追求養生長壽的首要動機。同時，在儒家看來，要實現治國平天下的目標，最好的辦法莫過於養性與修身。儒家雖提倡「志士仁人，無求生以害仁，有殺身以成仁」（《論語·衛靈公》），但只要在「成仁」與「養生」不發生矛盾時，儒家還是很重視養生的。這與老莊之道家的養生觀是不同的。道家主張養生是第一位的，其餘之事（包括「帝王之功」）均是次要的事情。《莊子·雜篇·讓王》說：「道之真以治身，其緒余以為國家，其土苴以治天下。由此觀之，帝王之功，聖人之餘事也，非所以完身養生也。」

身體安康長壽是儒家追求的價值，只有這樣才能盡孝弘道，但是生命的價值絕不僅僅在於身體的養足，而是道義的弘揚。當人生處於常態時，每個人都應修身養性以養生從而獲得長壽，這樣不僅可以獲得自身的長壽幸福，而且也可以孝敬父母、光耀家族、忠君報國、治平天下。但當一己之生命與道義責任相矛盾時，甚至出現了尖銳對抗的情景時，那麼就要捨去一己之生命，而成仁取義。正如孟子所說：「生亦我所欲也，義亦我所欲也；二者不可得兼，舍生而取義者也。」（《孟子·告子上》）「仁者壽」體現了對一己之現實生命價值的珍視，而「殺身成仁」則是對生命的社會的、精神的、永恒的價值的重視與追求。誠然生命對每一個個體都只有一次，因而是極其寶貴的，但是當天下興亡、民族大義、家族責任、德之操守需要犧牲這種個體生命時，自覺地獻身以立德、立功、立言達到人生之「不朽」與永恒，這不僅不是對生命價值的漠視，而且是對生命價值的提升與超越。這是儒家的養生之道不同於道家養生之道的地方，因為道家主張隱世，逃避個體的社會責任，因此，他們是為養生而養生，而儒家則認為一己的生命要符合天下道義，一旦人的生命存在與更重要的人生大義相衝突時，他們則不惜捨棄一己之生命，而成全民族與人生之大義。「人生自古誰無死，留取丹心照汗青。」（文天祥語）「苟

利國家生死以，豈因禍福避趨之。」（林則徐語）這種殺身成仁、舍生取義的儒家精神成爲中華民族精神的重要內涵，它培養了爲數眾多的仁人志士，推動了民族的發展繁榮，也弘揚了他們個體生命的價值，使他們青史留名，使其精神生命實現了永恒。

三、仁者壽、智者樂的儒家養生之道

《論語‧雍也》：「子曰：知者樂水，仁者樂山。知者動，仁者靜。知者樂，仁者壽。」這表明儒家的養生之道主要是以德養生，以智樂生。

如何理解「仁者壽」呢？一方面可以將此看作是孔子與儒家的一種價值信念即堅信有道德的人必能長壽。即所謂「故大德……必得其壽。」（《四書章句集注‧中庸章句》）《中庸》記載孔子的話說：「故大德必得其位，必得其祿，必得其名，必得其壽，故天之生物，必因其材而篤焉。」仁者壽的價值信念又是與德者福的信念相聯繫的。而「壽」則被儒家的經典《尙書》列爲「五福」之首：「五福：一曰壽，二曰富，三曰康寧，四曰攸好德，五曰考（老）終命。」任何一種價值信念總是要有一定的科學根據，但是否信仰對一種價值選擇來說也是至關重要的。「善有善報，惡有惡報」，這是中國的一句古話，也可以說是人們長期觀察到的一種人生現象。在現實生活中，我們不難發現，一些樂於助人、處處行善、與他人融洽相處的人，儘管終日辛勤勞作，粗茶淡飯，卻活得健康長壽，相反，那些心懷惡意、爭長論短、損人利己，與他人不能融洽相處的人，往往患病率高，壽命也比較短。一個人活在世上，如果多做好事，多爲別人著想，積善成德，其身心就處於一種和諧的境地，良心安寧，泰然自若，就會感到越活越有意思，越活越有精神，這自然是健康長壽的首要條件。

另外，「仁者壽」可以看作是儒家的一種心理養生觀與養生方法。即通過修德而養生並獲長壽。爲什麼修德就能長壽呢？在孔子看來，道德高尙和性格開朗的人，其心理不會患得患失，這樣就能免除各種焦慮煩惱，經常保持樂觀的情緒狀態，即「仁者不憂」（《論語‧憲問》），「君子坦蕩蕩，小人常戚戚」（《論語‧述而》）。由於在孔子看來，「德」的核心思想是「仁」，於是，孔子提出了「仁者壽」的命題。正因爲仁者「不憂」，君子坦蕩，因而仁者就會喜歡山之敦厚，就會守靜持一。正如董仲舒所說：「仁人之所以多壽者，外無貪而內清靜，心和平而不失中正，取天地之美以養成其身。」（《春秋繁露》

第十六卷《循天之道第七十七》）程頤說：「仁者壽，以靜而壽。」（《二程遺書》卷二十二上《伊川先生語八上》）「人能克己身無患，事不欺心睡自安」（馬致遠詞：《岳陽樓》）呂坤在其《呻吟語》中也指出：「養德尤養生之第一要也。德在我，而蹈白刃以死，何害其爲養生哉？」這是說養生與赴義並不矛盾，養生要旨在養德，不在單純延長壽命。他還說：「仁者壽，生理完也；默者壽，元氣定也；拙者壽，元神固也。」「置富貴、貧賤、死生、常變於度外，是養心第一法」。

史書稱，堯和舜都長壽，這同他們仁愛慈善、爲政以德不能說沒有關係。我國最早的醫典《黃帝內經》就已認識到道德高尚的人易於長壽。其《素問》篇說：上古之人「所以能年皆度百歲，而動作不衰者，以其德全不危也。」還認爲，中古之人其壽命長的原因之一，也是由於他們「淳德全道」。唐代「藥聖」孫思邈，也從醫學角度提出了「德行不克，縱服玉液金丹未能延壽」的理論。而主張人們要修身養性以養生。「性既自善，內外百病皆悉不生，禍亂災害亦無由作。」（《千金要方》卷二十七《養性·養性序第一》）宋代哲學家邵雍也說過：「始知行義修仁者，便是延年益壽人」。

有趣的是，現代醫學也認爲善惡會影響一個人的生命。美國密西根大學調查研究中心對 3000 人進行了長達 14 年的調查，耶魯大學和加州大學共同就這個問題調查了加州阿拉米達縣 7000 人，得出的結論完全相同。從心理學角度講，一個樂善好施的人，能激發人們對他的感激、友愛之情，從而使其獲得內心的溫暖和滿足。「有德容乃大，無私心自安」，大大緩解了生活中出現的焦慮和不適。從人體免疫學的角度看，樂善好施，常做好事，有益於人體的免疫系統，良好的人際感受有助大腦生產有利於免疫系統的化學物質。

在中國古代，知與智通用，智字後起，《爾雅·釋言上》：「哲，智也」，從這條釋言看，智不同於知，認知、知覺、學習而知道的知，是一種來自知或悟，而比知的層次更高的知。智，是知人則哲的知，使我們分辨並選擇在人生中最適宜的做法。因此，如果要進一步分別「知」與「智」的差別的話，那麼，知的意義似乎要較「智」爲寬，「知」可能更多的是指聞見、認知之意，而「智」則是「人事」、「道德」之智。

中國儒家智德觀的特點在於，它把知或智主要看作是一種人事之智或者說是知人之明。這種知人之明和人事之智主要是「以智輔仁」，這表明儒家的修養論是講求仁智雙修的，《孟子·告子上》：「惻隱之心，仁也；羞惡之心，

義也；恭敬之心，禮也；是非之心，智也。」《孟子‧離婁上》：「仁之實，事親是也，義之實，從兄是也，智之實，知斯二者弗去是也。」可見，智德關鍵是對人事之是非有清楚的把握，對是否合乎仁義這個善的價值目標的判斷、選擇和決定。一個人能夠有人生和人事之明，有辨別道德善惡之智，就可以說是具有智德的人了。一個有智慧的人是能明是非、辨善惡的，孔子說：「知者利仁。」（《論語‧里仁》）又說：「未知，焉得仁？」（《論語‧公冶長》）也就是說，具備了智德才能分清事物的曲直並明白其利害得失，才會以長遠的眼光看事物，才能看到長遠的利益，也才能做出正確的道德選擇。一個智者也是善識人、貴知己的，是識時勢、知當務的，是「世事洞明皆學問，人情練達即文章」的。不僅如此，一個智者常常是安身立命，身心和諧，寧靜致遠之人。他們往往具有知命、立命的人生定見，獨善其身的道德追求，安之若素的行為方式，心安情樂的精神狀態。他們知天命，而盡人事，達則兼濟天下，窮則獨善其身，安之若素，《中庸》有言：「君子素其位而行，不願乎其外，素富貴，行乎富貴；素貧賤，行乎貧賤；素夷狄，行乎夷狄；素患難，行乎患難；君子無入而不自得焉。在上位不凌下，在下位不援上，正己而不求於人則無怨。上不怨天，下不尤人。故君子居易以俟命，小人行險以徼倖。」所謂安身也就是安其所處之位而行事，所謂素位而行也就是守著自己現時所處的地位而行事，不羨慕行其地位以外的事，君子無論處於何種地位都能怡然自得，不假外求，居心平易以待天命。心安就是由於他們對自己的命運有清楚的認識，對自己的行為有良好的自控，對自己的道德有高度的自信，對自己的人格操守有充分的自尊，因此在心理上形成了一種心平如鏡、不假外求、安之若素、怡然自得的平和狀態，用現代話說就是他們心理特別平衡，按伊壁鳩魯的話說就是「靈魂的無紛擾」。不僅如此，他們的精神狀態是快樂的，得志時，樂其政，不得志時，樂其道。《荀子‧子道》中說：「子路問於孔子曰：『君子亦有憂乎？』孔子曰：『君子，其未得也，則樂其道，既已得之，又樂其治，是以有終身之樂，無一日之憂。小人者，其未得也，則憂不得，既已得之，又恐失之，是以有終身之憂，無一日之樂也。』」「君子坦蕩蕩，小人常戚戚」就是對這種狀態的最簡明的概括和認同。

一個真正的仁者即有道德的人，必然是一個有樂觀生活態度，常保精神快樂的人，而快樂的心情是養生最重要的因素之一。孔子說：「飯蔬食，飲水，曲肱而枕之，樂亦在其中矣。不義而富且貴，於我如浮雲。」（《論語‧述而》）

並且他稱讚自己的最得意的弟子顏回說：「賢哉回也！一簞食，一瓢飲，在陋巷，人不堪其憂，回也不改其樂。賢哉回也！」（《論語‧雍也》）後儒將之稱爲「孔顏之樂」。也就是說一個有道德的人，不太在意外在的物質欲望、功名利祿，由於他們有德，因此，能夠「心底無私天地寬」，不會用各種外在的物欲、「勢榮」來拖累自己，不會被患得患失、嫉妒、誠惶誠恐、心不安等不良情緒所干擾，而能常保愉快的心情，因此，一個「仁者」必然是精神愉悅的人，從而是幸福的人。現代養生理論也證實了一個人的心安情樂或者按現代話說就是心理平衡是養生中最重要的要素。現代養生理論認爲，人的健康長壽取決於四個要素，合理飲食，適量運動，戒煙限酒，心理平衡。一般認爲，影響人的壽命長短的因素，包含遺傳、體質、營養、環境、醫療條件等各種要素，但公認其中要占到六、七成的最重要的要素在於心理平衡和精神快樂。而儒家的以德養生、以知樂生理論，爲人們提供了心安情樂的根本方法，因而是養生之樞要，實踐證明，很多壽星也是熱愛勞動、與人爲善、助人爲樂、見人就笑、淡泊寧靜、心安情樂的人。

　　總之，我們在現代養生過程中，不僅要重視道家、醫家的具體養生之術，而且要以儒家之仁孝道德，以德智養生樂生的生命大智慧來形神並養，積善成德，如此，終會獲得大德者必有其壽和仁者壽、智者樂的人生境界。

原載《哲學與文化》第 38 卷第 6 期（2011/6）

先秦氣節觀及其現代意義

　　氣節是歷代儒者士人努力追求和磨礪的道德品性、道德精神和高尚人格的完成。從「義不食周粟……遂餓死首陽山」下的伯夷叔齊，到「好持高節」的魯仲連；從楚國節士申包胥到東漢末「望門投止，破家相容」的張儉；從臨死不降的文天祥到高唱「還有後來人」的夏明翰……這些都是受人稱讚和敬仰的氣節之士，他們的事迹彪炳史冊，時時閃現出道義的力量和道德人格的魅力。正所謂「士君子又勇而果於行者，不以立節行誼而以妄死非名，豈不痛哉！士有殺身以成仁，觸害以立義，倚於節理而不議死地，故能身死名流於來世。非有勇斷，孰能行之。」（劉向：《說苑》）這些氣節之士是在儒家文化的長期薰染下形成的，氣節是儒家文化的核心內容、價值目標和道德人格的最後完成，因此，研究先秦儒家的氣節觀是儒家倫理研究的一個新的緯度，對於弘揚傳統倫理文化的道義精神，培養民族氣節、振奮民族精神是非常有意義的。

一、先秦儒家氣節觀的形成

　　氣節，在中國古代倫理思想和道德生活中，是一個標識一類道德人格和精神氣質的獨特範疇。先秦時期，「氣」與「節」是作爲兩個詞分別使用的，但其意項與後來連用的「氣節」是有關聯的。「氣」與「節」連用，合成「氣節」一詞最早是在《史記》中：「黯爲人性倨，少禮，面折，不能容人之過。合己者善待之，不合己者不能忍見，士亦以此不附焉。然好學，游俠，任氣節，內行脩絜，好直諫，數犯主之顏色，常慕傅柏、袁盎之爲人也。」（《史記‧汲鄭列傳》雖然如此，實際上早在先秦時期儒家思想中，已有豐富的關

於氣節的思想觀念，特別是孟子的「浩然之氣」提出時，已經形成了關於氣節的成熟觀念。陳谷嘉認為「在《孟子》一書中所強調的『浩然之氣』實際上就是『氣節』，或者說後來的氣節是由此『浩然之氣』演變而成的。」〔註1〕氣節作為一種道德人格的精神氣象，體現的是一個人道德水平和道德境界的高低，以及對於道德原則的堅信和持守，甚至以生命為代價捍衛某種精神和道德的價值與原則，從而成為一種人格類型和精神氣質。

中國傳統道德文化中的氣節觀也是隨著歷史的演變，在不同時期有不同的歷史內涵和社會道德內容，但其作為一種道德人格類型和道德精神氣質的基本內涵卻是由先秦儒家奠定的。那麼，先秦儒家的氣節觀是如何逐步形成的呢？

對先秦儒家經典文獻《尚書》、《詩經》、《周易》、《春秋左傳》等進行考察，就會發現，在《尚書》中基本沒有關於「氣」的論述，而在《尚書·周書》中則已開始出現「節」，如：「不率大夏，矧惟外庶子、訓人惟厥正人越小臣、諸節。」（《尚書·周書·康誥》）「王先服殷御事，比介於我有周御事，節性惟日其邁。」（《尚書·周書·召誥》）「節」的含義一則為外交使臣，取符節之意；二則為調節、控制之意。這說明在先秦可考的文獻中，「節」的幾個意項很早就已經發展完全。而到《左傳》中，「節」的用法基本成熟，可以用來指法度、節度，禮節、合理的安排和規定，以及節制等意。由禮節引申出「節操、操行」，表示對規定禮節和道義的遵守，初步具備了「氣節」之意。

《周易》中，有專門的《節》探討節制問題，如「安節之亨，承上道也」。「甘節，吉，往有尚。」（《周易·節》）從中我們可以看到，《周易》中把節制看作是天地萬物運行的客觀規律，事物發展的必然規定性，是一種固有中正之道的良好道德原則。在德性的視野下第一次探討節制的美德，同時，具備倫理意蘊的「節」的意項還有禮節、節操等，例如：《周易·家人》中《象》曰：「家人嗃嗃，未失也。婦子嘻嘻，失家節也。」

《左傳》中「氣」有十八見，大多意項是指氣象，即天氣的自然現象、人的氣息，當然也有表示精神氣質的勇氣、士氣等意項。如：《左傳·莊公十年》中「夫戰，勇氣也，一鼓作氣，再而衰，三而竭。」這裡「氣」已經有了指代精神狀態的意思。後來進一步把人的情感、志趣和行為舉止與「氣」相聯繫，如：「民有好、惡、喜、怒、哀、樂，生於六氣。」（《左傳·昭公二

〔註1〕陳谷嘉：儒家倫理哲學〔M〕，北京：人民出版社，1996.126。

十五年》）

從先秦文獻中考察「氣」和「節」二者的用法，我們可以看出，「節」比「氣」要先完成其倫理意義的昇華。在孟子之前，「節」所代表的倫理意蘊遠遠超出「氣」。因爲「節」承載的是主要的道德規範和禮儀的成分，若比較二者的話，「節」在這一階段是主體。

孔子雖未明確提出「氣節」之範疇，但其思想中卻有氣節之士的觀念。孔子提出「志士仁人，無求生以害仁，有殺生以成人。」（《論語・衛靈公》）並高度讚揚了伯夷、叔齊舍生取義的獨立人格精神，「齊景公有馬千駟，死之日，民無德而稱焉。伯夷、叔齊餓於首陽之下，民到於今稱之。其斯之謂與？」（《論語・季氏》）至於孟子，它所承傳的乃是《左傳》中「氣」的用法，把「氣」與人的情感與思想志趣聯繫在一起，提出「浩然之氣」，從而奠定整個儒家氣節觀的基礎。「『敢問夫子惡乎長？』曰：『我知言，我善養吾浩然之氣。』」（《孟子・公孫丑上》）

馮友蘭則認爲「浩然之氣」是「關於人與宇宙的關係者」、「有浩然之氣，則可以堂堂立於宇宙間而無懼」，並把有「浩然之氣」的人的境界稱之爲天地境界。作爲倫理之氣的「浩然之氣」，體現了氣所表示的精神道德風貌的含義，同時也暗自宣照了儒家文化的德性關懷，對於天地之本源的一種倫理思考。由此可見，孟子的「浩然之氣」奠定了儒家氣節觀的基礎，也標誌著先秦儒家氣節觀念的成熟。

二、先秦儒家氣節觀的內涵

事實上，先秦儒家以其獨特的視角對於氣節進行了較爲深入的探討，並形成了一套系統的思想觀點。在先秦儒家看來，氣節實質上是一種道德人格類型和道德人格的精神氣象，氣節觀的內涵或者說氣節之士的人格特質和精神氣象的道德內容主要包括如下三個方面：尚志存性、持義守道、勇而無懼。

（一）尚志存性

氣節作爲對某種道德理想、原則的持守，必然是以志存高遠爲前提的，如果離開一定的高尚道德理想，那麼這種氣就不知爲何而持，人格操守爲何而節，因此，尚志存性就成爲氣節的首要內涵。在《論語》中有很多關於立志與行志的論述，如：「苟志於仁矣，無惡也。」（《論語・里仁》）「士志於道，而恥惡衣惡食者，未足與議也。」（《論語・里仁》）「志於道，據於德，依於

仁，游於藝。」（《論語・述而》）「三軍可奪帥也，匹夫不可奪志也。」（《論語・子罕》）「志士仁人，無求生以害仁，有殺身以成仁」。（《論語・衛靈公》）子夏曰：「博學而篤志，切問而近思，仁在其中矣。」（《論語・子張》）在孔子看來，一個人首先必須有所追求，心有所往。所以立志必然是氣節之士的第一要義，也是氣節的內在動力和目標。

而孟子在探討氣與志的關係時則更深一層，他說：「夫志，氣之帥也；氣，體之充也。夫志至焉，氣次焉；故曰：『持其志，無暴其氣。』」（《孟子・公孫丑上》）志是氣之帥，志至而氣次。志與氣是相互促進的。志之專一，氣必從之，反之亦然。志為理想、信念及意志，涉及心性。志定則心不動，心不動則堅。可以看出，孟子繼承了孔子關於「志」的論述，並且把意志融入其中，而意志堅定的前提是有理想、有信念。

那麼何謂「尚志」呢？孟子說：「仁義而已矣。殺一無罪，非仁也。非其有而取之，非義也。居惡在？仁是也。路惡在？義是也。居仁由義，大人之事備矣。」（《孟子・盡心上》）在此，孟子對「志」的取向做出了規定。志無非是道德理想，士人應立志做一名仁義之士。孟子想通過「尚志」的方式激發士人的歷史責任感和使命感，並追求理想社會，這就是「志於道」，從而確立志士仁人獨立的道德人格。

知識分子要堅守自己的道義，臨危不屈，抗拒外力也不是一朝一夕之事。這就迫切需要尚志。尚志的過程是一個知、情、意三者交互作用的結果。它需要「知」對正確義理的辨識，需要「情」對於心之所向的認同，更需要意志上的執著和堅毅。所謂「隱居以求其志，行義以達其道。」（《論語・季氏》）

如果說孔子仁學是一門立志之學，是培養人有高尚的道德理想和堅定的道德意志的學問，那麼孟子之學更多的是繼承和發展了立志之學，並把心性納入立志的範疇，同時對於志之所向做了新的闡釋和規定。尚志首先要「不動心」，「不動心」則需存性。如果說志是氣的根源，那麼「不動心」，忍性存性，守著道德之志，即為氣節了。

「不動心」是由於心為志所主宰，當心有所主的時候，所有的力量都在心中，而不必懼怕外力的摧殘和阻撓。在此，「不動心」是一種勇氣的表現。例如，公孫丑問曰：「夫子加齊之卿相，得行道焉，雖由此霸王，不異矣。如此則動心否乎？」孟子曰：「否！我四十不動心。」曰：「若是，則夫子過孟賁遠矣。」曰：「是不難，告子先我不動心。」（《孟子・公孫丑上》）

　　然告子和孟子對於「不得於言，勿求於心」又有各自不同的看法。告子之謂「不得於言」指的是爲了保持自己的心不受外界的干擾，對於社會現實採取不聞不問的態度。而在孟子看來，尚志乃是心的一種內求方式，所有的標準都在我心當中，即「萬物皆備於我」，完全與外界無關，自然也不會受到外界的干擾。這是一種「義自內求」的理論。正是由於能夠不受社會環境的影響，所以在現實生活中能夠抵抗各種誘惑，承受各種考驗，富貴不淫，貧賤不移，威武不屈。「苦其心志，勞其筋骨，餓其體膚，空乏其身，行拂亂其所爲，所以動心忍性，曾益其所不能。」（《孟子‧告子下》）孟子所認爲的「存性」與其性善論相呼應，認爲存在於自己內心的「良知良能」，不受外界環境的干擾，就能不動心。

　　「三君可奪帥也，匹夫不可奪其志也」，志之高遠篤定才能持義於內，義聚於內才能不動心，不動心才能無懼於外，無懼於外才能經受得住考驗，經受住考驗才能最終氣由心生。由此可以看出，尚志是一個艱苦的過程，必須經受住外界險惡環境對人的心志和毅力的考驗，才能最終堅定心之所往。同時，志作爲氣之帥，是產生砥礪力量的源泉，是一種意志驅動力，支撐氣節的中流砥柱。儒家向來被稱爲道德理想主義，儒家之學即教人如何成人、成賢、成聖；儒家之志則要求人們崇尚道德價值、講求內聖外王。氣節之士一方面有高遠之道德理想，另一方面就是對這種道德理想的堅守、篤信和踐履。這種堅守不僅是行爲層面的持義守道，首先是心性上的存性忍性，即保存自己良善的道德本性和德性，忍耐節制不道德的惡念與惡欲。這是氣節之士的首要德性內涵。

（二）持義守道

　　如果說立志存性是氣節之士的心性或德性特質的話，那麼，持義守道就是氣節之士的行爲和品質特點。持「義」守「道」是氣節的核心和靈魂，氣節所展現的思想內核也恰恰是士人對於義與道的堅守。「朝聞道，夕死可矣」（《論語‧里仁》），表現的恰恰是氣節在個人崇高追求與生命之間的一種取捨。

　　《禮記‧祭義》曰：「義者，宜此者也。」《左傳‧昭公元年》中有「臨患不忘國，忠也。思難不越官，信也；圖國忘死，貞也；謀主三者，義也。」忠、信、貞三者合而稱爲義。在《論語》中更多的是從道義原則這個角度來闡述義的。而義在整個儒家倫理道德中處於一個非常重要的地位。

在孔子看來，義指合宜、應當、應然之意。「君子之於下也，無適也，無莫也，義之與比。」「君子喻於義，小人喻於利。」（《論語‧里仁》）「君子義以爲質，禮以行之，孫以出之，信以成之；君子哉！」（《論語‧衛靈公》）都體現了「義」作爲道義原則的內涵。

在孟子看來，「君子所性，仁義禮智根於心。」義是一種內在的道德原則和道德秩序。孟子的仁義學說完全是出於其性善論的基礎上提出來的以一種義自內求的方式而體現出來的德性培養學說。孟子曰：「難言也。其爲氣也，至大至剛，以直養而無害，則塞於天地之間。其爲氣也，配義與道。無是，餒也。」（《孟子‧公孫丑上》）

可以看出，儒家的「道義」實質上指的是正確的道德原則和價值取向，在日常生活實踐和價值選擇中，能否時時處處以道義作爲選擇的標準，始終堅持道義原則而不苟且，這是一個氣節之士的根本特質。那種見利忘義，無是非、無正義感的鄉愿之人是德之賊也。孔子云：「人能弘道，非道弘人。」（《論語‧衛靈公》）這句話體現了人作爲道的主體在弘揚和發揚道中的重要作用，氣節之士的特徵不僅在於他們心中有道德律，處世有道，行事有義，而且還在於持之以恒，堅忍不拔地在生命的長途中始終堅守道義。

「持」指不放棄，不丟掉；「守」指不變化，不易節。孔子曰：「篤信好學，守死善道。」（《論語‧泰伯》）「知及之，仁不能守之，雖得之，必失之。知及之，仁能守之，不莊以蒞之，則民不敬。知及之，仁能守之，莊以蒞之，動之不以禮，未善也。」（《論語‧衛靈公》）都突出了「守」的重要性。所以說，在氣節的內涵中，持守的地位不可忽視。只有道義而無恒久的持守，只有志之所向而無行之所往，道義本身就淪爲一句空話。正因爲有了持守，氣節中德性的力量才能得到充分的展示，閃耀著道德理想感天動地的光輝。

（三）勇而無懼

「魚，我所欲也，熊掌亦我所欲也；二者不可得兼，捨魚而取熊掌者也。生亦我所欲也，義亦我所欲也；二者不可得兼，舍生而取義者也。」（《孟子‧告子上》）孟子一句「舍生取義」道出了傳統氣節觀的實質，即對於道義的持守不惜以生命作爲代價，或者說道義的價值高於生命的價值。從古至今，所有的氣節之士，無不爲一個「義」而不屈不撓，最終悲歌高起之時，其生命的意義得到彰顯與昇華。如何才能做到殺身成仁、舍生取義，除了立志存性，持義守道外，最終要做到這一點還需要人們臨危不懼，以大智大勇而在生與

義的劇烈衝突面前做出正確的選擇，從而守住自己的氣節，完成自己的人格。而這一切都是需要臨危不懼的勇氣和勇德來支持的。

自古以來的氣節之士無不以勇見於世人，而受到稱讚：篤信「連橫」之策，臨死問「舌在否」的張儀；身陷囹圄而作《報任安書》的司馬遷；「臥起操持，節旄盡落」而慷慨言「屈節辱命，雖生，何面目歸漢」的蘇武；力挽狂瀾，支大廈於將頹的南明兵部尚書史可法；臨死而無懼，高詠《正氣歌》的文天祥；十七歲血灑刑場而書「英雄生死路，卻似壯遊時」的抗清義士夏完淳……這些都是受人稱道的氣節之士，各個臨危不懼，寧爲玉碎，不爲瓦全，斷頭歌詩，生爲人傑，死亦鬼雄。

孔子謂「勇者不懼」（《論語‧子罕》），提出勇而好學，勇而有禮，勇而有義；孟子則明確區分了「義理之勇」和「血氣之勇」；荀子則對「勇」進行了詳細的分類，區分了「狗彘之勇」、「賈盜之勇」、「小人之勇」、「士君子之勇」；「上勇」、「中勇」、「下勇」等。

「勇」指的是勇敢，有膽量，有勇氣。許慎《說文解字》解：「勇，氣也。」，以「氣」釋「勇」，更突出「勇」在氣節中的重要作用。《論語》中「勇」有十六見，孔子曰：「見義不爲，無勇也」（《論語‧爲政》）；「勇而無禮則亂，直而無禮則絞」（《論語‧泰伯》）；「仁者不憂，知者不惑，勇者不懼」（《論語‧憲問》）；「君子有勇而無義爲亂，小人有勇而無義爲盜。」（《論語‧陽貨》）智、仁、勇，三達德也，勇指的是抵抗各種外界壓力的精神力量，是理想與意志的外化體現。

孟子區分了北宮黝、孟施舍、曾子三者之勇：北宮黝、孟施舍都是古代的勇士。北宮黝的「勇」表現在肌膚被刺也絲毫不顫動，眼睛被戳也不眨一下；既不能忍受卑賤之人的侮辱，也不能忍受大國君主的侮辱。對於任何侮辱都要回擊。孟施舍之「勇」則又有所不同，對待敵人不勝尤勝，認爲如果在與敵人交鋒之前考慮太多反而會害怕實力強大的敵人。這是一種在無知的情況下藐視敵人的態度，謂之無畏。可以說，孟施舍之勇爲無志之純粹氣勇，而曾子之勇爲尙志，志有所往的義勇，此所謂血氣之勇與義理之勇的區別。氣節之士勇而無懼，此勇爲義理之勇。作爲氣節外在的表現形式的勇，非比尋常，因而表現出來的氣概更能震撼人心。往往臨危不懼，臨淵不驚，把酒臨風，表現出強烈的道德氣勢和道德感召力，能夠驚天地、泣鬼神（見《孟子‧公孫丑上》）。

荀子說：「有上勇者，有中勇者，有下勇者：天下有中，敢直其身；先王有道，敢行其意；上不循於亂世之君，下不俗於亂世之民；仁之所在無貧窮，仁之所亡無富貴；天下知之，則欲與天下同苦樂之；天下不知之，則傀然獨立天地之間而不畏：是上勇也。禮恭而意儉，大齊信焉而輕貨財，賢者敢推而尚之，不肖者敢援而廢之，是中勇也。輕身而重貨，恬禍而廣解，苟免不恤是非、然不然之情，以期勝人為意，是下勇也。」（《荀子·性惡》）而氣節之士無疑是上勇者，堅守道的底線，一切以行道為義，正所謂士君子之勇。「義之所在，不傾於權，不顧其利，舉國而與之不為視，重死、持義而不撓。」可見，上述孔孟荀對於勇的論述，都強調了義勇的道德性質，只有為一種高尚的理想與道德去奮鬥才是真正的上勇、大勇，才會真正產生氣節之士勇而無懼的內在意蘊。

事實上，如果說持義守道為氣節之常道，那麼勇而無懼則是氣節之臨變持守，同時也標誌著氣節的最終完成。勇是心之志的外化，也是對於道義持守的堅韌表現。在氣節中，勇一方面展現出了人格精神氣象向外輻射的剛勁力量；另一方面，勇作為在道德逆境時期的道德主體執行某種道德行為時體現出來的一種從容不迫，是道義徹底融入個體生命的一種體現。在自然生命受到威脅時，氣節通過「勇而無懼」來展示其精神氣象的完成，同時，也是氣節的一種激情再現。在促成氣節這一精神氣象的形成過程中，「勇」所起的是標誌性和完成性的作用。勇而無懼的心態將氣節展露無遺，是氣節的最終體現和氣節之士的根本人格特質。面臨身與仁，生與死的選擇而殺身成仁，舍生取義，正是大仁、大知、大勇的氣節之士的真精神和高風亮節，以其生命之終結完成了其對道德理想矢志不渝的堅持。

氣節的以上三個方面的內涵是相互關聯的，立志存性是氣節之心性的內在前提，持義守道是氣節的日常行為體現，也是氣節的核心和靈魂。而勇而無懼是氣節的最終體現與完成。志與性、義與道、勇與恒，構成了先秦儒家氣節觀的實質內涵。志存高遠是道德人格的價值終鵠，守道持義是道德人格的核心內涵，守恒存勇是道德人格完成的精神力量，成仁取義是道德人格的最高體現。義與道是氣節的核心和靈魂，也是志之所往，道與義通過勇氣得到外化，是氣節的外在表現形式。對於義與道的認可愈深，志愈堅，甚至能達到信仰的高度。尚志是一種道德意志對於道義的認可，涉及道德理性的層面，同時也需要有道德情感的支持，才能最終產生一種堅忍和堅毅的品質。

氣節是儒家整個心性修養理論下的道德理想，是一種在所謂「知天」、「事天」、「立命」的體系中士人「舍生取義，殺身成仁」的一種「天地境界」〔2〕（P21）。而這種境界儼然是一個堅守道義的德性之人的超然境界。而氣節就是出於對道德理想的堅守，篤信和踐履而形成的。因此，它是面臨人生之變異情態，面臨義與利、身與仁、生與死的激烈衝突時，對道德理想和道德原則以其精神和生命去維護、堅持的精神氣象和人格特質。它是以生命來維護儒家道德理想的價值的體現。因此，這種氣節之士是儒家道德精神的真誠信仰者和守護者，達到的是遵仁循義、不懼生死、與天地參的聖賢境界。

三、先秦儒家氣節觀的現代意義

先秦儒家的氣節觀長期影響著中國士人，雖然在先秦之後的歷史上，氣節觀念也有一定程度上的變異，宋代隨著封建化的加強，「忠」的觀念在民眾意識中佔據了主體地位，因而使先秦原初意義上表示知識分子對於道的持守逐漸為「忠君」的觀念所取代，對於氣節的理解也發生了一定程度的扭曲。而近代，國家民族生死存亡之際，氣節演化為一種民族的精神氣質——高尚的民族氣節，成為了民族精神最為寶貴的內核，敦促一批批仁人志士挺身而出，為維護正義和民族尊嚴甘願拋頭顱、灑熱血。氣節已經成為了維護社會正義和秩序，維護民族尊嚴和拯救民族危機的代名詞。雖然有這些變化，但中國氣節觀的核心內含和基本精神則是由先秦儒家奠定的。總之，從總體上看，氣節集中體現著我們民族的道德理想和道德精神、人格風範和聖賢氣象。因此，在現代社會道德文化建設中，積極汲取氣節這一精神資源的合理內核，具有重要的意義。

（一）氣節與個體道德人格塑造

先秦儒家的氣節觀，在本質上是一種道德理想和人格修養理論。因此，其中對道義精神的堅守和主動自律精神，在社會物欲泛濫、道德貶值的時代，對於弘揚道德與人格的獨立價值，對於個體加強自身的道德人格修養無疑具有重要的意義。

首先，氣節為個體道德人格的塑造提供正確的價值導向。氣節是基於信念基礎之上而對道義的堅持和認可，正確的道與義為古代氣節之士提供了正確的行為導向，並且賦予了他們生命以崇高的意義。為保住自己寶貴的士人氣節不惜以死殉難的老舍，「先天下之憂而憂，後天下之樂而樂」的范仲淹，

「天下興亡，匹夫有責」的顧炎武，無不是如此。爲了自己所選擇和認可的某種道德精神和人生道路而執著不止，甚至於付出生命的代價。而這種選擇和認可在很大的意義上成就了個體道德人格以及個人道德人格的精神魅力。

其次，氣節爲個體道德人格的塑造提供動力和毅力。個體道德人格的塑造需要動力系統的支撐，而這個動力系統主要來源於道德理想、道德情感、道德意志等。氣節的養成本身就是一個知、情、意統一的過程，需要道德理想的指引，道德情感的認同，道德意志的堅忍，才能產生道德的源動力。在個人的道德人格塑造中，氣節所扮演的角色是給個體道德主體培養一種堅毅的道德實踐品格，有利於主體能夠在道德實踐中，堅持自身的道德原則，引發個體強烈的個體自我道德尊嚴的維護精神，捍衛個體道德的底線。

最後，氣節的養成過程就是道德人格的形成過程。

馮友蘭認爲，氣的培養分爲兩個方面：一是明道：即瞭解一種義理，對之深信不疑，內化爲一種精神信仰；二是集義，經常做他認爲應該做的事情〔註 2〕。行義應該是「心」的自然發展，自然流露，行義既久，浩然之氣就會油然而生於胸中。孟子也以牛山之木爲喻，來說明氣節的培養是一個漫長的過程，不能操之過急。他說：「孔子曰：『操則存，捨則亡；出入無時，莫知其鄉。』惟心之謂與？」（《孟子・告子上》）從立志守志到明辨義理，最後是自身不斷修養鍛鍊，自我反省，是氣節得以存之之道。總之，氣節中所包含的道德理想主義精神、道德自律精神對於我們在物欲泛濫的當代社會，加強道德建設和人格修養無疑是理想的燈塔和精神的動力。

（二）氣節與民族精神培養

氣節不僅是某些道德高尚人士的人格特質和精神氣象，而且經過長期文化的塑造，氣節也衍生爲一個民族的精神氣質和民族氣節，在整個國家和民族精神的培養中發揮著重大作用。

一直以來，中華民族就是一個具有堅忍不拔、不屈不撓精神的民族，氣節作爲寶貴的傳統倫理資源，在對中華民族精神的培養方面具有重要意義。中華民族精神是以愛國主義爲核心的團結統一、愛好和平、勤勞勇敢、自強不息的精神，是中華民族優秀傳統倫理精神的結晶，同時也是我國民族向心力和凝聚力的源頭。而民族氣節本身所蘊涵的自強不息和在危難時刻不動搖

〔註 2〕馮友蘭：三松堂全集：第 5 卷〔M〕，鄭州：河南人民出版社，1985～1991.P21。

自身意志的精神，有利於塑造堅貞不屈的民族性格。事實上，在革命戰爭年代，國難當頭之時，大批的英勇之士，挺身而出，表現出高尚的民族氣節和大無畏的民族精神。無產階級革命家陳毅曾在其詩《梅嶺三篇》中說：「投身革命即爲家，血雨腥風應有涯，取義成仁今日事，人間遍種自由花。」在儒家氣節觀念的指引下，民族氣節成爲了一種「取義成仁」，大義凜然的精神，同時也構成了民族精神的核心內容。

自近代以來，在傳統氣節觀念的影響和薰陶下，產生了許許多多爲國家民族大義而犧牲自我的志節之士：林則徐「苟利國家生死以」，譚嗣同「我自橫刀向天笑，去留肝膽兩崑崙」，朱自清寧可餓死不吃美國救濟糧，更有「砍頭不要緊，只要主義眞」的夏明翰，他們在中華民族的史冊上留下了光輝的一筆，樹立了一座座氣節的豐碑。既使在中國現代無產階級革命中，也有無數的革命先烈，也深受儒家這種民族氣節思想的影響，如方志敏、劉胡蘭、楊靖宇等很多英雄都是寧死不屈，以生命維護了正義和民族氣節。這種精神對於我們在當代弘揚中華民族精神是不竭的精神資源和動力。在民族精神的培養過程中，加強道德氣節和民族氣節教育具有非常重要的意義。

（三）氣節與當代道德建設

道德是人類精神的自律，當代道德建設固然首先要進行一種基本底線倫理的教育，以維持社會秩序的和諧穩定，但更重要的是，道德作爲人生提升的重要方面，作爲持久而內在發揮作用的精神機制，卻需要社會成員具有一種內在道德精神即對道德原則的信仰、持守和堅持，這也就是儒家所說的氣節。在道德建設過程中，僅僅重視客觀道德規範建設是不夠的，更應該重視和提倡道德的至上性和純潔性，重視內在道德精神的提升。氣節是一種超越性的道德人格和精神氣象，體現的是一種準宗教的道德情懷。因而，氣節觀的宣傳有利於培養人們對道德價值與道德精神的眞誠信仰、堅定信念和實踐踐履。

在現代社會價值多元化的背景下，人們的精神生活也日漸世俗化。隨之而來的是人們對於道德的要求也日漸底線化，事實上，道德不僅是維護社會秩序的底線，而且是提升人性，激勵人們實現人性自我完善的方式，因此它是一種超越性的精神力量，追求理想是爲了理想的生活，道德在某種程度上是以對某種理想有眞誠的信仰和追求爲前提的。每個人都會有信仰需求，在西方，這種需求由宗教情懷來擴充，在我國的人文主義環境中，道德理想和

道德精神則成爲民族的主要信仰，這種道德理想主義精神在主體身上就體現爲氣節觀念。道德理想人格的實現在某種意義上就依靠這樣的道德超越精神。

氣節體現了道德的純潔性和至上性。先秦儒家的氣節觀的研究宣傳，道德主體的氣節教育和培養，有利於培養人們的對道德價值的尊重，有助於在當代社會培養道德的「眞精神」即理想超越精神、自覺內聖精神、篤信持志，守之有恒等道德自律精神，彰顯道德價值，促進道德建設。當代社會的倫理結構仍然是規範倫理與美德倫理的合理統一，先秦儒家的氣節觀給我們當代道德建設的啓示，就是道德建設必須以對道德價值的尊重爲前提，充分調動主體的道德能動性和積極性，不僅重視規範倫理的社會秩序整合作用，而且要發揮道德理想、理想人格和德性倫理的內聖精神對社會和個體道德的提升作用。

（原載《深圳大學學報：人文社科版》2007 年 6 期）

傳統「義德」析論

　　「義」在中國傳統道德體系中，是一個重要的德目，孟子把義看作是與仁同等重要的德目。在儒家的「五常」中和管子的「四維」中，它均位居次席，地位顯著。《禮記・曲禮上》中已有「道德仁義」一詞，在日常語言中我們也經常把「仁義道德」連用，甚至把「仁義」當作道德的代名詞。「義」究竟是什麼含義？其思想流變、道德內涵、精神實質如何？在現代社會中應如何正確對待與弘揚傳統義德思想？這是本文欲加以討論的。

一、義的語意分析

　　「義」的語意起碼有如下幾種意思：「宜」、「正」、「理」、「則」。「義者，宜也。」這是對義的最一般的定義。《中庸》曰：「義者，宜也，尊賢為大。」東漢劉熙的辭書《釋名・釋言語》說：「義者，宜也。裁制事物，使合宜也。」這成為後世對「義」的標準界定，後世也大多沿襲這種含義解義。韓愈在《原道》中說：「博愛之謂仁，行而宜之之謂義。」這個意義上的義代表的是一般性的善、正確或恰當，是一個普遍的價值詞，還不是一個專門表明道德價值的詞。對一切事物的制斷合於節度，處理一切事物合宜，都被稱為「義」。

　　除了「宜」，還有一個比「宜」出現得更早的「義」訓，即「正」——正當。《墨子・天志下》曰：「義者，正也。」《文子・道德》也說：「正者，義也。」總之，以「正」釋「義」較之以「宜」釋「義」，使「義」具有了明顯道德意味的應然，而非寬鬆的「合宜」、「恰當」。孔子的義也明顯是一種道德意義上的正當，所謂「君子喻於義，小人喻於利」、「見得思義」、「見義不為，無勇也」（《論語・為政》）等都是把義當作「當為之事」或「道德上的標準」，

而非考慮多方因素的「合宜」。道德上正當的、當為的一定是「合宜」的，但卻不能反過來說「合宜」的必然是正當的、當為的。

什麼是「正」？它是判斷一切是非的準則。這種是非準則必定是公共接受的、能夠說服人的。《尚書・洪範》有言：「無偏無頗，遵王之義；無有作好，遵王之道；無有作惡，遵王之道。無偏無黨，王道蕩蕩；無黨無偏，王道平平；無反無側，王道正直。」無偏頗、無好惡、不結黨營私、不違犯法度，這些都是如何規範社會行為的問題，或者說如何糾偏匡正的問題，王道蕩蕩、王道平平、王道正直，則是一種政治與社會的理想狀態，這種理想狀態是人人所期望的，如此才成為公共的準則。

除了以「宜」和「正」來訓「義」外，還可以以「理」和「則」來訓義。荀子說：「義，理也，故行。」（《荀子・大略》）朱熹說：「義者，天理之所宜。」（《論語集注》）它首先是一種人倫之理，同時亦被上昇為一種天理即天下之通義。「天下有義則生，無義則死；有義則富，無義則貧；有義則治，無義則亂。」（《墨子・天志上》）義理不僅關係到個人的生存意義、價值取向，也關係到社會的治亂。這種理有時也不僅被看作是人心、民心，不僅是人道、王道，而且也是天道。

由於義的作用在於裁制事務，使人們的行為「合宜」、「正當」，因此必然具有強烈的實踐性。荀子說：「仁，愛也，故親；義，理也，故行；禮，節也，故成。」（《荀子・大略》）義的根本性質是「理」，「理」要落實為道德價值，必須依靠人們遵循道理而行動。因此，義就是人們的行為法度、規範和義則，是對行為的某種節制。這一意義體現在《左傳》中「淫」與「義」的對比。譬如「隱公三年多」有言：「賤妨貴，少陵長……淫破義，所謂六逆也。」以「淫」為「義」的反面，就表示「義」是節制、守規矩了。作為規範的「義」還有一個突出特點，就是帶有明顯的禁制色彩，遵循規範的首要意義是不違反規範，而非根據某些準則從事積極的創造和發揮。孟子把「羞惡之心」即做錯事的羞愧心作為「義」德的源頭，暗示了「義」的要旨就在於不行不義，不違背道理或規範。他說：「人皆有所不忍，達之於其所忍，仁也；人皆有所不為，達之於其所為，義也。」（《孟子・盡心下》）荀子講得更加明確：「夫義者，所以限禁人之為惡與奸者也。」（《荀子・強國》）

「義」德還具有普遍性的特點，與「仁」類似，在某種意義上是「全德之名」。「宜」、「正」表示「義」之普遍價值和道德價值的含義，「理」與「則」

則體現了「義」的某種實踐性、律令性特徵。以上這些「義」項都有某種普遍性特徵，「義」不僅被作爲一般性的善的意指，而且其「正」、「理」、「則」都體現了道德的一般性特徵，因此，「義」也可以看作是一切道德和德行之總稱。在這一點上，它似乎與「仁」是一樣的，這也許是爲什麼在中國語境中把「仁義」等同於道德的原因，甚至韓愈還在其《原道》中視「仁與義爲定名，道與德爲虛位」。在這個意義上，「義」有時指稱一種特殊道德，有時則指稱一切道德。如《禮記‧禮運》有言：「何謂人義？父慈，子孝，兄良，弟弟，夫義，婦聽，長惠，幼順，君仁，臣忠。十者謂之人義。」從這段話明顯可以看出，「義」一方面代表人間的所有基本倫理價值，另一方面又用以指稱丈夫應具有的德行。

二、「義」的道德內涵

以上我們從義的詞義的角度討論了義的含義，那麼，在中國倫理思想史上或中國的傳統道德生活中，義的實質道德內容是什麼呢？

1. 等級秩序

一定的道德觀念總是當時社會關係的產物。傳統中國是一個封建宗法等級社會，因此，作爲體現社會道德範疇的「義」必然是這種關係的集中反映。在我看來，等級秩序是傳統義德的首要道德內涵。義是對等級區分、等級權益的自覺維護和尊重。康有爲曾說：「界限者，義也。」（《春秋董氏學》卷六）這是準確和深刻的。荀子就是以分來看待義的。他說：「水火有氣而無生，草木有生而無知，禽獸有知而無義。人有氣、有生、有知、亦且有義，故最爲天下貴也。力不若牛，走不若馬，而牛馬爲用，何也？曰：人能群，彼不能群也。人何以能群？曰：分。分何以能行？曰：義。故義以分則和，和則一，一則多力，多力則強，強則勝物；故宮室可得而居也。故序四時，裁萬物，兼利天下，無他故焉，得之分義也。」（《荀子‧王制》）荀子的基本論點是，人類之所以能成爲萬物的主宰，是因爲有社會區分，使人依照不同的身份角色組織起來，建立秩序。社會區分要順暢動作，必須以「義」爲基礎，反過來說，「義」的精義就是社會區分的原則。在荀子看來，社會本來就應該有貧富、貴賤之分，沒有這樣的差別倒是很危險的。他說：「夫兩貴之不能相事，兩賤之不能相使，是天數也。埶位齊，而欲惡同，物不能澹則必爭。爭則必亂，亂則窮矣。先王惡其亂也，故制禮儀以分之，使有貧、富、貴、賤之等，

足以相兼臨者，是養天下之本也。」（《荀子·王道》）《禮記·喪服四則》有言：「貴貴、尊尊，義之大者也。」《大戴禮記·盛德》則說：「義者，所以等貴賤、明尊卑；貴賤有序，民尊上敬長矣。」董仲舒說：「大小不逾等，貴賤如其倫，義之正也。」（《春秋繁露·精華》）他還說：「立義以明尊卑之分。」（《春秋繁露·盟會要》）這些觀點都表明了在當時社會條件下義的核心就是維護等級秩序。在當時的人們看來，正當的社會生活表現為階層化的等級秩序，「義」要求各人善盡自己角色的責任，服從長上權威，維護此一秩序，因此「尊」是社會生活中的首要價值。社會生活中階層秩序與合理性的結合，就是「義」的精華。至於哪些價值有助於創造合乎「義」的社會秩序，《荀子·大略》提供了最簡潔的清單：「貴貴、尊尊、賢賢、老老、長長，義之倫也。」

2. 天下公義

傳統中國的基本社會秩序是封建等級秩序，因此，義的核心義項是等級秩序。但不可否認，在這種占主導性的社會等級秩序之外，還有一種更為超越和普遍的天下公義的意思。如果說等級秩序表達的是一種主流的、統治階級的、正統的政治意識形態的話，那麼，天下公義則表達著一種更具普遍性、更為社會化的，在某種意義上超越於等級秩序的天下公義和公理。這些觀念主要包括：

天下為公，世界均平。在早期社會，「大道之行也，天下為公。選賢與能，講信修睦，故人不獨親其親，不獨子其子，使老有所終，壯有所用，幼有所長，矜寡孤獨廢疾者，皆有所養。男有分，女有歸。貨，惡其棄於地也，不必藏於己；力，惡其不出於身也，不必為己。是故，謀閉而不興，盜竊亂賊而不作，故外戶而不閉，是謂大同」（《禮記·禮運》）。這種大同世界的理想長期以來就是中國人關於社會正義的一種理想和追求。它希望人人都有普遍的關懷，能夠照顧他人的家庭，為他們出財出力，追求人間普遍幸福。

憂國憂民，利濟蒼生。關懷民眾疾苦，體現社會公義。為天下人謀求利益和福祉，這被傳統士人看作是最大的倫理義務和責任。孔子自言其志是「老者安之，朋友信之，少者懷之」（《論語·公冶長》），又說君子的最高成就在於「修己以安百姓」（《論語·憲問》）。墨子摩頂放踵、念茲在茲的則是「國家百姓人民之利」（《墨子·非命上》）。愛國詩人屈原一句「長太息以掩涕兮，哀民生之多艱」（《離騷》）道出了自己憂國憂民的情懷。范仲淹之「居廟堂之高則憂其君」，可以說是對等級秩序的義的自覺，而「處江湖之遠則憂其民」，

則是對天下公義的自覺。唯有這種天下公義的超越意識，才使他能「先天下之憂而憂，後天下之樂而樂」，也才使顧炎武喊出「天下興亡，匹夫有責」的時代強音。不僅是一些統治階級的人物和士大夫以天下蒼生為念，把利濟蒼生看作是社會之正義，而且許多有俠義精神的人也是仗義疏財、周窮濟困，「替天行道」，把這看作是一個有道德的人之所當為，也是天下之公義。「義」是最常用來涵蓋慈善性、公益性作為的概念。

天下公義還有一層意思，就是對平等和公平的追求。統治階級總是想以倫理、禮法等極力維護等級和特權，但老百姓和民間社會卻從來沒有停止過對平等和公平正義的追求。陳勝、吳廣發出了「王侯將相寧有種乎？」的平等吶喊，許多農民起義都主張「均貧富，等貴賤，殺盡不平方太平」。這種民間的平等訴求在中國歷史上長期以來不絕於耳，不僅要平等，而且要公平正義。在經濟上要求「均貧富」，制度層面的訴求不能解決問題，有的俠義之士就以武裝的形式劫富濟貧，路見不平，拔刀相助。這種行為似乎是對現存等級秩序的一種僭越甚至是犯罪，但誰又能說它不是一種超越於等級秩序的更為普遍而廣泛的天下公義呢？據《呂氏春秋‧孟春紀‧去私》記載，墨家巨子聲稱：「墨者之法曰：『殺人者死，傷人者刑。』此所以禁殺傷人也；夫禁殺傷人者，天下之大義也。」墨家不但主張利人，還以不傷害他人為根本的「義」。在這種思想影響下，中國民間俗語所說的「殺人償命，借債還錢」被老百姓看作是天經地義的天下公義。看來這種平等與公平的意識在傳統中國的正統思想中鮮有，但在民間思想中卻是得到廣泛認同的社會公義。

道統高於君統的觀念也是天下公義，是對等級秩序天然合理性的超越。孟子所提倡的「大義」不會局限於一國之君的利益，相反，如果君主不能夠為老百姓著想，就應該「取而代之」。殺掉那些昏庸之君不是所謂的「弒君也」，而是「誅一夫」（《孟子‧梁惠王下》）。孟子還說：「民為貴，社稷次之，君為輕。」（《孟子‧盡心下》）這應該是最早認識到君主與人民利益未必一致並強調人民利益重於君主利益的言論。《呂氏春秋‧貴公篇》也說：「天下非一人之天下也，天下之天下也。」

清代王夫之在天子與天下的關係上，提出了「一姓之私」與「天下大公」的區別：「一姓之興亡，私也，而生民之生死，公也。」（《讀通鑑論》）「國祚之不長，為一姓言也，非公義也。秦之所以獲罪於萬世者，私己而已矣。斥秦之私，而欲私其子孫以長存，又豈天下之大公哉！」「不以一人疑天下，不

以天下私一人。」(《黃書‧宰制》) 如果天子不能循從天下大公、生民公義,那麼天子之位也是「可禪,可繼,可革」(《黃書‧原極》) 的。黃宗羲在《明夷待訪錄》中也提到了「天下爲主,君爲客」的民本公義思想。他認爲君主強迫天下人爲自己服務,君主標榜的「大公」,是「以我之大私爲天下之大公」。「爲天下之大害者,君而已矣」。他認爲封建法制是禍亂的淵藪,要求廢除封建君主的「一家之法」而建立「天下之法」。「天子之所是未必是,天子之所非未必非。」「蓋天下之治亂,不在一姓之興亡,而在萬民之憂樂」。

3. 角色責任

上述兩層含義都是對合理的社會秩序的探尋,一是正統的觀念,一是更爲超越和普遍的觀念,二者相互補充,構成了完整的中國傳統社會「義」的社會秩序觀。義所主張的社會秩序是需要人去遵從並維護的,因此,義不僅是關於這種社會合理秩序的觀念,也是力圖維護這種合理秩序的道德義務、角色責任和道德律令。任何一種社會秩序都是建立在人與人關係的基礎上的,處理好各種人際關係實際上就是對社會秩序的維護。傳統中國是一個人倫本位、關係本位的社會,每一個人都在這種人倫秩序中扮演著某種社會角色。自覺地履行這種角色的責任,不僅是客觀人倫秩序的需要,也是爲人之義即處在關係中的人的社會道德責任。因此,角色責任具體表達了傳統中國社會中人的責任和義務。這種責任和義務被以某種倫理要求和規範的形式表達出來。《禮記‧禮運》曰:「何謂人義?父慈,子孝,兄良,弟弟,夫義,婦聽,長惠,幼順,君仁,臣忠。十者謂之人義。」這就十分明確地表達了這種角色責任。人的角色會隨著人生境遇和關係的變化而變化,因此,人的角色責任是處於變動之中的。《荀子‧非十二子》曾這樣描述理想人格(「仁人」) 的行爲:「遇君則修臣下之義,遇鄉則修長幼之義,遇長則修子弟之義,遇友則修禮節辭讓之義,遇賤而少者,則修告導寬容之義。」雖然這種角色責任的具體內容可以隨不同情況而變化,但建立在一定合理秩序基礎上的人倫道德義務卻是絕對的,是人的客觀責任和義務。

4. 義務自覺

義不僅是一種客觀的角色責任,更是一種人的倫理自覺,義德之所以成爲德就在於這種主體性、自覺性和能動性。如果義僅是一種客觀他律的外在責任,而沒有變成人的內心信念和自覺實踐,也就不成其爲德了。

孟子認爲義是人發自天性的善端:「心之所同然者何也,謂理也義也。聖

人先得我心之所同然耳。故理義之悅我心，猶芻豢之悅我口。」（《孟子‧告子上》）「君子所性，仁義禮智根於心。」（《孟子‧盡心上》）孟子認為道德義務是由人先天的善良本性產生的，這種先驗論的結論是不科學的，因為人的義務感的自覺只能在後天人倫關係的交往實踐中逐步形成。孟子的這種思想是要為其義務的道德主體性進行論證。其義德的人性論根源並不正確，但其從人格論的角度論證義的道德自覺的價值無疑是值得肯定的。強調人的浩然正氣是「集義所生」，只要自覺履行義，人就可以成為一個「富貴不能淫，威武不能屈，貧賤不能移」的大丈夫。只有依賴人的道德自覺，才會把人倫的客觀角色責任轉化為人的義務自覺，才能使義務由客觀的「道」轉化為主體的「德」，也才能彰顯一個人的道德覺悟、道德境界。因此，義作為德，不僅是一種客觀的天倫、人倫秩序和客觀人際關係的角色責任，更是一種人的道德義務自覺。

當然，義還具有價值觀即「義利之辨」意義上的內涵，在這個意義上義是指對道德精神價值的崇尚和尊奉，「義以為上」即道德的價值高於物質利益的價值。宋儒認為「義利之辨」乃儒者第一義，多有討論和論及，由於它是價值觀而非規範與美德這樣嚴格意義上的「道德」內涵，因此這裡不再贅述。

三、義的精神實質

由以上關於義的道德內涵的分析中，我們可以看出，義的倫理精神實質是客觀倫理精神與主觀倫理精神的統一，它既是一種客觀倫理秩序及由其決定的人的客觀倫理責任，同時，作為一種道德德性又是人的道德義務自覺，從而也是一種道德主體精神。那麼，它究竟是一種客觀的社會秩序的他律，還是一種建立在人的主體自覺性基礎上的道德自律？圍繞這個問題，在中國思想史上是有爭論的。對於這個問題的討論，一方面有助於我們今天正確把握義的精神實質，另一方面，關於這個問題的討論也關涉儒家三個最主要德目仁、義、禮之間的關係，因此是很有意義的。

在中國思想史上，關於義的精神實質的討論實際上是由「仁義內外」這個問題而展開的。儒家特別是思孟學派主張義是從內發而非由外鑠的。這個主張可從孟子及其門生與告子師徒之辯中看出。限於篇幅難於引述相關文獻，請參閱《孟子‧告子》上下篇。告子的觀點主張仁內義外。孟子主張性善，又以「仁」、「義」為人類道德的兩大支柱，因而有仁義內在的說法。近

來，郭店竹簡中發現有明確表達仁內義外觀點的文字，如《語叢一》第二十二、二十三簡分別曰：「仁生於人，義生於道」；「或出於內，或出於外」。這是非常明顯的「仁內義外」觀。又《六德》有言：「仁，內也；義、外也；禮樂，共也。」這仍然主張仁內義外說。「仁義內外」問題的重要性，在於它涉及了「義」觀念的根本屬性：「義」的特色在哪裏？與「仁」如何區分？《呂氏春秋・有始覽・聽言》認爲「善不善本於義，不於愛」，把「義」作爲道德的根本原理，而且表示這種原理和「愛」即仁是不同的。《禮記・喪服四制》曰：「恩者，仁也；理者，義也；節者，禮也；權者，知也。仁義禮知，人道具矣。」很明顯，在古代一般思想者的心目中，「義」和「仁」的一個重要區別是，「仁」出於自然的感情，「義」爲具有客觀性的道理，兩者都是道德意識與行動的重要基礎。

究竟什麼是內外？在我看來，這個內外可從三方面理解，一是人心之內外，二是人我之內外，三是家庭之內外。從人心之內外來說，主要的分歧就是仁自然產生於人的惻隱之心，而在孟子這樣堅持仁義皆內的人看來，義自然也是產生於人心中的羞惡之情感的；而在堅持仁內義外的人看來，仁可以說產生於人心，而義則是產生於社會客觀秩序的義理。仁是基於人性之內在感情而生，而義則是因外在客觀的人倫關係而生，因此，義的根本在於一種客觀的倫理精神而不是主觀的道德情感。從人我之內外來看，我爲內，人爲外，仁雖生於我心，其道德方向卻是指向愛人安人的；而義雖產生於客觀的人倫秩序中，但其道德作用的方向卻是用以正我的，即要求主體的人要自覺恪守一定人倫秩序的責任和義務，從而達到「正我」的作用。從家族內外這個角度來看，由於家族關係的基礎是血緣關係，其聯繫紐帶主要是家庭成員之間的感情，因此，家庭成員的倫理關係自然是情高於理、仁重於義的。而在家庭之外的社會關係中，人們由於沒有血緣親情的紐帶，處理這種社會關係必須依據客觀的道理、公義，因而不能因私化公，因情廢理，仁而不義。

從這樣的辯論中可以看出，仁內義外的觀點實際上是在強調二者的不同，或者說在強調義的客觀性。這是符合人類道德生活的實際的。道德是外律與自律的統一，甚至道德在最初起源時首先是外律，只有經過人的自覺，外律才能轉化爲自律。在中國倫理思想史上，禮先於仁而產生，就說明了這種外律先於自律的規律。在中國人的實際道德生活中，也可以看出這種內外之別。家庭私人關係主要是講恩講情，而家庭之外的社會關係要講義講信，

如義不責親的說法就是這樣。如果一個人總是要和家人辯死理而不講情，沒有寬容諒解，那肯定會因義而傷情。儒家講的「親親相隱」也證明了這種仁與義、情與理的不同。親人犯法，以義究之應「大義滅親」，而大多數常人卻是選擇了「親親相隱」，能做到「大義滅親」的人畢竟是少數。

中國傳統的道德思維按照正統儒家思想都是循著內聖外王的路線，因此，特別強調仁義的內在性，甚至長期把仁作爲全部道德的起點，認爲只要有人心中的愛就會解決一切社會道德問題，把社會道德歸於個體道德。這種道德思維方式從今天的觀點看，是有很大缺陷的。殊不知，我國倫理道德的起點不僅是仁，而且還有義，但長期以來，義的這種客觀性被思孟學派的心性論路線消解了。今天，我們要非常重視「義」作爲一種客觀倫理精神和社會倫理精神源頭的重要意義，在現代道德建設中，不僅重視內聖的心性論道路，而且要非常重視規範論的外治路線。

另外，仁與義還有一個區別，那就是仁具有某種程度的私人性、特殊性，而義具有社會性和普遍性的特點。仁是二人對偶關係，仁是一種愛的情感，因此，仁的感情所投向的對象必然是一個主體熟悉的甚至是有密切關係的人。仁不僅是一種愛的感情，而且還是一種有等差區別的道德理性，對不同的人所施予的愛的程度也是不同的，這必然使仁具有某種私人性和特殊性。比如，在傳統倫理中，愛妻子就不能勝過愛父母等。儒學希望人們把這種私人性、特殊性的愛擴充開來，這本身就包含著矛盾，將其擴充到博愛或泛愛而不是等差之愛，這恰恰被孟子斥責爲「無君無父」，是禽獸之行。而義是理，本身具有某種普遍性和客觀性，它在傳統社會中雖然主要是處理熟人關係的，但其超越於宗法制度的天下公義的思想本身就具有普遍性和社會性，這種普遍性和社會性更能因應現代社會多元化、普遍化的特點。因此，在現代道德建設中，不僅應該從道德主體身上開掘仁的道德情感，而且要充分發揮義對社會生活的整合作用。

就義的客觀性而言，它實際上與禮是同質的，都是外在於人的個體生命的社會生活秩序及其義理規則，都表達了一種社會生活的秩序要求和法則。不過，義是更爲抽象的原理，是禮的義理根據，而禮則是義的規範體現。《禮記‧禮運》云：「故禮也者，義之實也。協諸義而協，則禮雖先王未之有，可以義起也。」禮可以表現出義，有如義的果實。禮的根本是義，古代未有的禮，可以按照義的原理來製作。《禮記‧郊特牲》更明白地說：「禮之所尊，

尊其義也。」「義生，然後禮作。」《樂記》則言：「仁近於樂，義近於禮。」
這些都是說義是禮的基礎和實質，禮是義的表現和果實。

以上是義和禮關係的一個方面。如果再對二者的關係做些比較的話，那麼，雖然義和禮都有人倫客觀秩序之義，但是，義似乎具有更多的主體性、自覺性內涵。義是一種普遍的、抽象的、合宜的道理、道義，強調了人的義務意識；而禮則更多地體現了一種外律的制度和規範體系，以及人對禮制秩序的恪守和遵從。

強調義的客觀性、外律性，這是正確的，但並不能因此而否定義作為人的一種道德的主體性、自覺性、自律性特點。義是一種客觀倫理秩序，同時也是人的一種主體道德精神。一種社會秩序的客觀要求只有轉化為人們的內心信念和道德自覺，才會發揮其影響社會實踐和人的行為的作用。從這個意義上看，思孟學派著力彰顯的義的內在性、主體性也是有其道理的。從義的根源和本質的角度看，我們說義的本質主要是一種客觀倫理秩序和客觀倫理精神，但從義發揮社會作用的形式和特點的角度看，義作為人的道德又具有主體自覺性特點。思孟學派將義的根源和本質看作是主觀的，這的確有失公允，但其從道德發揮作用的特點的角度主張由內聖開出外王，由修身而達齊平，將外律轉化為自律，這是非常值得肯定的。從道德實踐的角度看，義的價值是不能離開主體的實踐的，而人的實踐離開了人的自覺也是不可能的，特別是道德實踐更是在意識自覺的前提下進行的。如果一定的道義只是一種客觀社會秩序的體現，而未被人們所廣泛認同和實踐，那它也就形同虛設了。因此，義不僅是一種客觀的社會秩序，天下公義，而且是人的道德法則和自覺實踐。義的精神實質在於它不僅是客觀的社會秩序，也是人的主體精神。

四、義的現代批判

我們對傳統義德應該如何批判繼承呢？傳統義德對我們現代社會生活和道德建設有何啟示呢？

第一，尊重並維護合理的社會秩序及其法則，努力建設平等、和諧的社會。人是群居的動物，人的生活是社會性的生活，社會生活必然在客觀上需要一定的社會秩序。在荀子看來，人之所以「能群」即能過社會生活，就在於人有分有義。因此，對於人的社會生活來說，一定的社會生活秩序是不可缺少的。這種社會秩序在西方人看來，實際上是建立在某種社會契約的基礎

上的，而體現這種社會秩序的就是義的法則和規範。如果每個人對社會秩序或正義所依據的準則有共同的理解的話，人們的社會生活和交往活動就較易協調了。

雖然在各個社會時代，其秩序和法則的內容是不同的，但我們首先要承認這種社會秩序只要是合理的，那就是為人們的社會生活所必需的，因此，也是每一個生活於其中的社會成員應該尊重並遵守其體現的倫理法則即義。

尊重並維護合理的社會秩序及其法則是一個公民的基本社會義務和做人的美德，否則將成為一個有反社會傾向的人，就更談不上有美德了。我們也應該看到，對什麼是合理的社會秩序及其法則，在不同時代其標準是不同的。傳統中國社會秩序的基本精神和原則是等級制的，這與西方社會和現代社會的觀念是不同的。在西方思想史上，與中國古典的「義」最可比照的大概是古希臘的「正義」觀念。與中國古代的「義」明顯不同的是，西方的「正義」觀的核心價值是平等。亞里士多德將「正義」區分為兩個基本類型：糾正或報復的正義與分配的正義。糾正的正義指改正傷害或損失狀態的原則，在自願和非自願的人際交涉中受到損害的一方，應該得到補償，恢復其受損害以前的狀態；分配的正義則涉及公共資源的分配。這兩種正義都具有某種平等的意義，比如，分配的正義主張，具有相同條件的人，應該獲得同等價值的資源。至於糾正的正義，目的在於防止人獲得不該得的利益，並協助受害者回覆應有的利益。人不該以非法、不正當的方式取得過多的東西，也不該忍受得到過少（除非自願），這也可算是一種平等的概念。亞氏的這種思想後來成為西方正義觀念的基石。而中國古代的「義」，重點在於維護既有的等級秩序，當然我們可以看到，追求平等、公平的理想和訴求在下層民間的思想和實踐中也從未間斷。平等是人類精神文明的基本價值和普遍法則，因此，建立現代社會秩序首先要拋棄傳統的等級特權觀念，而倡導平等的價值觀與道義原則。只有平等、公平，才會形成一種祥和、穩定、和諧的社會秩序，而不是像傳統社會那樣是一種等級制的社會秩序。

第二，天下為公，興利除害，見義勇為，追求社會正義。正如上述，中國傳統義德思想除了主流意識形態所維護的等級秩序內涵外，在民間社會中還有一種天下公義的思想。這種天下公義的思想，具有更多理想性、民主性、科學性的因素，因此，是我們在現代社會仍然可以繼承弘揚的。古代社會的仁人義士，總是以天下為己任，「為天地立心，為生民立命，為往聖繼絕學，

為萬世開太平」。張載的這幾句話代表了傳統知識分子宏大的人生理想和強烈的社會責任感。多少聖賢君子、文臣武將、英雄豪傑、民間義士，為了他們心中的理想社會生活而天下為公，興利除害。大禹治水三過家門而不入，是為了興天下之利而捨一己私情；商湯周武興義師，伐桀紂，是順乎天命，為民除害。多少豪俠，路見不平，拔刀相助，見義勇為，那是為了實現一種公平和秩序，追求一種社會正義。在現代社會，我們要弘揚傳統義德，就應該繼承這種精神元素，多行這種義舉，如此，我們的社會才會更加美好並具有凝聚力。人類的歷史就是仰仗仁人志士這種不懈的追求而不斷進步的。

第三，強化角色意識，在權利義務相統一的基礎上建設現代道德。由於中國傳統文化是以人倫為本位而不是以個體為本位的，因此，它非常重視人在這種關係中的身份角色。「身份」一詞，與英文中 identity 一詞意義不同，後者指的是個體的自我，而前者則以個體在錯綜複雜的社會關係網絡中的位置來界定。更重要的是，在飾演某一身份角色時，社會均要求演員履行該角色的義務。孔子說「不在其位，不謀其政」，但如果在其位，則要當仁不讓於師。這種道德訓令的用意就是要將人拴在自己的身份上。在傳統社會，角色期待是調控中國人社會行為的基本原則。理想的社會關係是，每個人都要盡心盡力「行其事，謀其政，盡其本分」。越俎代庖是不顧身份，不去履行自己崗位上的義務，是不盡心。若抽離了互動中成員的身份角色，也就無從談義。素位而行是君子的風範，不在其位而謀其政者是越俎代庖、有失身份，至於在其位而失其政者，則會令大眾感到不滿。

傳統社會的角色期待，其實質內容不可能擺脫當時的尊卑等級關係。中國人的確是生活在這種關係本位的社會中，這種社會生活結構和內容到現在實際上還沒有完全改變。雖然西方的個體本位、維護個人權益的思想觀念在近百年來，對中國社會特別是年青一代產生了重要影響，但中國傳統文化和道德的影響仍然是深遠的。因此，這種角色倫理思維仍具有某種現實合理性。在傳統中國，這種角色倫理思維主要是強調角色的責任，而不講角色的權利。這種角色責任的倫理思維從道德的角度看，是有某種合理性的，因為道德總是倡導人們履行義務。但一般認為，現代道德應該建立在權利與義務相統一的基礎之上。過去的義務論思維是一種德性主義的道德精英思維，而現代的權利與義務相統一的思維則是一種更具普適性和社會制度關懷的倫理思維方式。一般認為，後者是一種現代精神。因此，我們在當代道德建設中，應該

吸取傳統角色責任思維的合理因素，並在權利與義務相統一的基礎上建設現代新道德。

第四，自覺增強義務意識，不斷提升人的道德境界。權利與義務相統一是現代道德的基石和基本精神，這是由於現代社會已經不再是一個道德本位的社會，現代性的倫理思維是要求現代公民做到基本的道德，以維護社會生活的正當秩序。現代生活的快節奏、多元化也使現代道德具有某種普適性、底線性，而把在道德上進一步提升的高標準追求的權利讓渡給民眾自己。希聖成賢，只是道德主體個人的追求，而不再是社會對每個社會成員的要求，否則就成了一種精神上的專制。現代社會要求其公民在維護自己的正當權利的同時，履行自己作爲一個公民和現代社會成員所應盡的基本責任。因此，權利與義務相統一的現代道德精神是由現代社會的某些特質所決定的。但這並不意味著傳統社會的道德主體精神，希聖成賢的倫理自覺，道義責任的自覺意識和實踐，失去了它的崇高性和誘人光環。在任何時代，道德不僅要維護現存的社會秩序，追求社會的完善，而且要提升人性和人格，實現人的自我完善和自我實現。因此，從建設現代社會道德的角度看，我們要力求堅持權利與義務的統一；但如果從主體的人格提升、自我修養的角度看，傳統思想中強調義的自覺性、內在性的內聖精神，包括像孟子所講的義以立人、義以立節的思想，對我們現代人仍然具有永恒的價值。儒家所講的「三軍可奪帥也，匹夫不可奪志也」的人格獨立精神，君子謀道不謀食、憂道不憂貧的對道義價值的尊重和維護，「富貴不能淫，威武不能屈，貧賤不能移」的大丈夫精神，那種殺身成仁、舍生取義的道德至上精神和人格氣節等，都是我們在利己主義泛濫、私欲膨脹的當代社會，加強自身道德修養，提升全民族道德素質，提升人的道德境界的寶貴精神財富，需要不斷弘揚。

（原載《中國人民大學學報》2008 年第 5 期）

傳統師德及其現代價值

　　時下，師德問題引起社會的普遍關注。我國自古以來就具有深厚的師德傳統，那麼，師德在古代社會具有怎樣的重要性？其主要的規範要求有哪些？傳統師德對當代的師德建設具有怎樣的價值和意義？本文想通過這些問題的探討，爲當代師德建設提供一些歷史的借鑒。

傳統師德及其重要性

　　師德即教師道德，在現代意義上，它是一種職業道德，是指教師在教學過程中應遵循的道德規範與應具的道德意識、道德品質的總和。但在古代中國，師德似乎不能僅僅從職業道德的狹義上來理解，它的含義似乎更加廣泛，要求更高。因爲，在古代中國，職業的分化還不如現代這麼發達，師生關係是一種重要的社會人倫關係，上至帝王，下至百姓，似乎都離不開尊師拜師，師者承擔著傳授人類文明、教人成人的重要使命。「師」是傳統知識分子的核心構成部分，其它的知識性職業或者按我們今天所說的專業技術人員不太發達，這就使師者即有學問、有道德的人成爲傳統知識分子的主要代表。

　　在上古社會，特別是西周以前，「學在官府」，「政教合一」，官師不分，官員即教師，皇帝也要以吏爲師，「能爲師，然後能爲長；能爲長，然後能爲君。」故官德即是師德。「師」最初爲官名，太師是周代國君輔弼之官，由此引申爲帶領與教導眾人的師長之稱，進而將專門傳授各項知識技藝與人倫道德者名之爲師。官即「仕」人，未從政的知識分子即爲「士」，因此，師德在廣義上包含著官德（仕德）和知識分子道德（士德）的要求，《李覯集·安民策》明確指出：「師者雖非人君之位，必有人君之德也」。

　　在一般百姓家裏，很多家庭無力爲孩子請教師，或者無錢送孩子去私塾

念書，便由親祖承擔代替了教育孩子的職能，因此，又使教師具有了某些親祖的特性，生我養我肉體生命者親祖也，而從精神上養育我的人似乎就是教師了。許愼《說文解字》釋教育道：「教，上所施，下所效也」；「育，養子使作善也。」從這層含義上看，師德又具有某些親德的特性了，倡導愛生如子，正是基於這樣的理由。

總之，師德在傳統中國，從廣義上看，包含官德、士德、親德等多種含義，這樣便不難理解，中國人過去所供奉的牌位上爲什麼是「天地君親師」，師者，不僅具有官師不分、親師不分的性質，而且，具有與天地同列的地位。這也許就是中國素來具有尊師重道的傳統的原因了。

當然，隨著文明的發展，教師作爲一種特定的職業也逐步分化形成了，畢竟，還有很多人，一輩子也未出仕，而是以教授弟子爲終生職業，官師不分、親師不分的情況在後代社會也有所改變。大約在春秋戰國時期，在奴隸制向封建制轉變過程中，政治與學術逐漸下移，私學開始興起，民間教師也隨之出現。孔子是辦私學的典型代表，也是中國古代最偉大的教育家，被尊爲「至聖先師」，他關於師德的很多論述，奠定了中國師德的諸多優良傳統。隨著師從官吏隊伍中分離出來而成爲自謀生活的「自由職業者」，師德也就從官德中分化出來而成爲相對獨立的職業道德。

師德在古代社會的重要性不僅在於，師者在傳統中國是知識分子的主要代表，因此，要具有士人的道德，而且，由於具有官師、親師不分的地位，因此，還要具有君德和親德的屬性。不僅如此，由於中國傳統教育是以德教爲先、修身爲本的，這樣，就使師德成爲教育活動中最重要的要素，學高爲師，身正爲範，韓愈說：「師者，所以傳道、授業，解惑者也。」己身不正，難以正人，這樣，就使師者如果自身無德那是不能具備師者的資質和合法性的。師者，楷模也，範者，示範也。「師也者，教之以事而喻諸德者。」爲了完成教書育人的重要使命，古人對教師提出的道德標準是很高、很嚴的。

傳統師德的主要規範

理解師德的主要規範要求，必須從其廣義和狹義兩方面來理解。從廣義上師德包括官德、士德、親德的某些內容，從狹義上主要是指教師的職業道德。

作爲官德、親德，實際上就包括了儒家道德對人的所有要求，因爲在家

國同構的社會中，人最重要的角色就是「子」和「臣」兩種身份，因此，其道德義務最根本的就是「在家孝親」、「在朝忠君」，什麼仁、義、禮、智、信；溫、良、恭、儉、讓等等，都可以來要求作為社會精英人群的士人的代表即「師者」。因此，這裡是不能也無需展開來討論的。官德與親德是傳統社會「人德」的最高典範，另外，作為「士人」或學人的道德，是作為一個師者的前提性道德，比如，要求學人或士人要具有「學而不厭」的勤學好學精神；要有「學而時習之，不亦悅乎？」的境界；要有「知之為知之，不知為不知，是知也」的求實精神；要有「立德、立功、立言」及「為天地立心、為生民立命、為往聖繼絕學、為萬世開太平」的宏大理想等等。好學、勤學才能掌握淵博的知識，這是從事教師職業合法性的前提。師者，就是以傳授知識和道德為業的人，只有學高才能為師。作為一種學術性職業，求實精神是作為一個學者和教師必備的品質，因為學術活動就是以追求真理為目標，來不得半點虛假。另外，一個學者為學為師必須有宏大的目標和擔當意識，才會有為學為師的不竭動力。

傳統師德作為狹義上的特定職業道德，其規範要求主要體現為以下四個方面：

第一，傳道明德，以身作則。如前所述，傳統中國教育是以德教為本的「成人」教育，德教萌芽於堯舜時代的「五典之教」、禮樂之教；從周公起，德教成為古代教育的中心內容。經孔子的繼承發展，儒家的教育主要是禮、樂、射、御、書、數「六藝」教育，以禮、仁為核心，以文行忠信為內容的人倫道德教育，孟子首先將它概括為「德教」，秦漢以後，成為中國古代教育的基本定勢。對學生教育以德為主，便相應地對教師提出了嚴格的道德要求，這就是要言行一致，以身作則。《論語·子路》說：「其身正，不令而行，其身不正，雖令不從。」教師必須為人師表，起模範作用。《朱子語類》卷三四認為，教師「為之是仁聖之道，誨之是以仁聖之道誨人」，這樣才能收到良好的效果。教育的目標和原則是傳道明德，使人成人，成為一個「君子」、「大人」「聖賢」，因此，作為師者必須作出表率和榜樣，這不僅是師德之必須，而且是以德為本的教育活動能夠得以進行的先決條件。而且，雖然知識與道德均是為師者必備的條件，但在中國古人看來，仍然認為「經師易得，人師難求」，也就是說真正能為人作出道德榜樣的人師是更受人尊重的。

第二，「有教無類」，教育公正。孔子的辦學方針是「有教無類」。何謂無

類？馬融注：「言人所在見教，無有種類。」皇侃注：「人乃有貴賤，同宜資教，不可以其種類庶鄙而不教之也，教之則差，本無類也。」意思是不論貴賤、賢惠、華夷各地，每個人都可以入學受教育。孔子表示：「自行束脩以上，吾未嘗無誨焉。」（只要主動送上十條乾肉，我從來沒有不教誨的。）「有教無類」，今天看來，就是尊重每個人的受教育權，公正對待每一個受教育者，這實際上就是實現教育公平的問題，公正地對待學生即教育對象，是一個為師者應該具有的道德品質。

第三，愛生親徒、樂教不倦。前者涉及到一個為人師者對學生的態度，後者涉及到為師者的工作態度。師生關係是一種重要的人倫關係，其愛似親，其尊如君，學生既是為師者的教育或稱工作對象，也是教師實現自己傳道明德人生理想的共同參與者。只有愛生，才會樂教；樂教，又成為教師人生價值和幸福的確證與體現。因此，孟子將「得天下英才而教育之」看作是「君子」三樂之一。只有師生之間建立親切和諧的關係，人文性的德教才能實現，取得良好效果。唐甄在談到教師為什麼要親近學生時說：「教者貴親，親者易知；承教者亦貴親，親則易化。煦嫗覆育，如雞之伏卵，而後教可施焉。」愛生親徒，不僅可以促使教育活動能夠順利開展，而且也是為人師者的一種美好的職業道德情感。試想，天下那個親祖不愛自己的兒孫，而學生對老師而言就像自己精神上的兒孫一樣，為什麼中國人要「一日為師，終生為父」般地尊重老師，就是因為老師對學生有無私的愛和精神教導的大恩大德。每一個職業均是以從業者的樂業意識為前提的，因為興趣愛好是最好的老師，只有樂業才會敬業，因此，教師道德必須樂教而非厭教，這是為師者的一種良好的職業道德情感。在樂教的基礎上，還要不怕疲倦辛苦，因為教師工作是很辛苦的，培養人的工作是最難的，教師要不斷學習進步，提高業務，對每個學生都要傾注心力，這當然是需要一種不知疲倦，甚至是「知不可為而為之」的精神，不僅要做到「學而不厭」，而且要做到「誨人不倦」。

第四，循循善誘，因材施教。如果上面所說是教師對學生和職業的態度，那麼，這個問題在某種意義上是講教學的態度與方法。由於教育工作是培養人的工作，做事的方法就是待人的方法，從而也是重要的師德內在要求。顏淵稱頌其師孔子「循循然善誘人，博我以文，約我以禮」，使自己「欲罷不能。既竭吾才，如有所立卓爾。」這說明作為一名教師，不僅要有誨人不倦的職業態度，而且還必須有高超的教學藝術和教學方法，才能成為一名合格的教

師。教學藝術包含很多，其中一個重要原則，就是要堅持因材施教。尤其是人文性的德教一定要尊重每個學生的不同年齡、性情、短長而因材施教。如朱熹說：「孔門教人甚寬，今日理會些子，明日又理會些子，久則自貫通。」這是要求教育活動要由少及多，由近而遠，由淺入深地加以耐心引導，使學生逐漸進步。堅持因材施教的原則，意味著對每個學生的個性的尊重，也可以使教育活動收到更好的效果。孔子所謂文行忠信的教育內容實際上就是分別針對不同學生的特點而加以重點教育的楷模，而不是齊一化、簡單化。

傳統師德的現代價值

傳統師德與現代師德既有時代語境和問題意識之不同，也有作為一種職業和階層道德的歷史延續性。

師德與官德、親德在現代社會已有相當的分化，不可完全等同，但其中的比附抽象意在某種意義上仍然有其一定意義，體現了中國民眾對教師這種特殊職業的較高的道德要求，但這又有把教師道德作為「完人」要求的危險，因此，在現代問題語境中，對教師職業道德的要求，主要是要以「學人」和「教師」職業道德的角度來提要求。

教師肯定是學人，即知識分子，因此，要借鑒傳統，恪守學人們的基本操守。比如，要真實無妄。當前社會學術道德的造假剽竊，消解了人們對知識分子和社會道德的信心，這可能是由於學術的市場化、功利化造成的。在傳統社會，這種道德問題似乎在學人中是不多見的，偷別人的思想和學術成果和偷人東西似乎沒什麼區別。因此，這是做人的基本底線。對這類問題，僅為教師提道德要求是不夠的，重要的是要改善社會的評價體系，為學術活動創造良好的社會環境。當然，作為知識分子主體的教師，在當前社會環境下，還是要加強自身的道德修養，恪守基本的學人道德操守，自尊自愛，出污泥而不染，潔身自好，獨善其身。

作為具體職業道德的上述幾條職業道德要求已經是為歷史證明了的優良道德傳統，應該在現代予以發揚光大。傳道明德要求教師自覺加強自身的道德修養，行為世範，學為人師。有教無類，在現代更應堅持，這體現了師道和教育的尊嚴。教育就是傳播知識和道德的事業，不能為金錢和地位而折腰，對待學生要一視同仁，不要因為學生的家庭背景、經濟狀況不同而予以不同對待，這會消解教育的基本底線，對學生的心靈造成巨大的傷害。要進一步

增強愛生親徒意識，改善教育環境，克服教育的功利化、工具化、效率化的弊端，引導教師克服厭教情緒，培養樂教意識，以「忠誠於黨的教育事業」的高度責任感，學而不厭、誨人不倦、循循善誘、因材施教，不斷提高教學藝術，提高教學質量，提高師德修養水平，推動我國教育事業不斷發展。

（原載《思想政治工作研究》2010 年第 9 期）

論中國古代鄰里關係及其道德調節傳統

　　鄉村中國的傳統社會決定了鄰里關係是傳統中國的一種重要人倫關係，那麼，傳統鄰里關係具有什麼樣的特點和社會功能？中國傳統道德文化是如何重視用道德的方式調節處理鄰里關係？其鄰里價值觀和道德觀是如何的？相信這些問題的探究討論不僅具有學術認識價值，而且對於我們處理當代變化了的鄰里關係也會提供借鑒。

一

　　所謂鄰里，據《周禮·地官司徒第二》載：「五家爲鄰，五鄰爲里」。再廣而言之，也指家鄉所在鄉里，如一個村落。鄉里關係包括同鄉關係和鄰里關係，是一種地域關係爲基礎的人際關係。「美不美，鄉中水；親不親，故鄉人。割不斷的親，離不開的鄉。」至於這個地緣關係範圍的大小，在我國歷史上的不同文獻中有大同小異的不同規定和說法：如《尚書大傳·卷二》說：「古八家而爲鄰，三鄰而爲朋，三朋而爲里，五里而爲邑，十邑而爲都，十都而爲師，州十有二師焉。」隋朝開皇九年（589）二月，「制五百家爲鄉，正一人；百家爲里，長一人。」（魏徵，令狐德棻《隋書·高祖紀》北京：中華書局，1982）到唐代，「百戶爲里，五里爲鄉。四家爲鄰，五家爲保。在邑居者爲坊，在田野者爲村。村坊鄰里，遞相督察。」（劉昫《舊唐書·食貨志》北京：中華書局，1975）宋代朱熹在其《論語集注》中又說：「五家爲鄰，二十五家爲里，萬二千五百家爲鄉，五百家爲黨。」這些不同的說法，對鄰的範圍看來都固定在四到八家的相鄰關係中，而里、鄉等不僅是人們因居住而產生的地緣關係，而且是一種基層組織單位，因此，在不同的朝代其規定大

小不同也是理在情中。我們本文討論的鄰里關係是在比鄰而居的狹義和同居鄉里（現代則稱爲社區）的廣義上討論的。

傳統鄰里關係在我們看來具有如下一些特點：

第一，鄰里關係是以農業社會和鄉村中國爲背景的。由於傳統中國人絕大部分人生活在農村，鄰里關係主要發生在鄉村社會，雖然不能說，傳統社會就沒有城市鄰里關係，但當時大部分人生活在鄉村，從而也才有守望相助的需要，而生活在城邑中的達官貴人及商人，其安全保護則會有政府的力量而不需要借助民間的力量。

第二，鄰里關係大多與家族關係密切相聯，並受到家族文化精神的影響。由於傳統中國社會具有聚族而居的特點，因此，某些村落本身就是一個大家族，如劉家灣、馬家坡、王家溝、林楊村等等。儘管也有一些雜姓村落，但由於中國社會是一個家族社會，鄰里關係的文化精神則是天下一家、視鄰若親。從社會學的角度看，鄰里之間並非僅僅呈現爲空間位置上的彼此並存，作爲一種社會聯繫的形式，鄰里關係乃是通過家庭成員之間的交往而建立起來的，它在某種意義上可以看作是家庭關係的外在延伸。由於當時人們的交往關係首先是血緣和姻緣，當時地緣關係的空間範圍都很小，這是因爲血緣關係不是同族居於一村，也是相距不遠，族親姻親也是相距不遠，如直到二、三十年前，我們還都知道陝西有一句民謠號稱爲陝西的十八怪，其中有一條叫作「陝西的姑娘不對外」，也就是說陝西人過去嫁姑娘一般在空間距離上是不出鄉、縣、省的。

第三，鄰里關係是一種熟人關係和熟人社會。這是因爲不僅同宗同族本身就是親人自然是熟人，既是不同宗族，由於當時人們的觀念是安土重遷，遷徙意識很弱，聯繫較爲穩固，在自然經濟爲主導的社會，由於社會的閉塞，再加之官府的戶籍管制，人們往往世代居住一方，很多都是宗族聚居，即便是雜居，也多世代爲鄰。這種長期穩定的交往關係成爲僅次於血緣關係的人際交往關係。這更加強化了這種熟人社會的鄰里關係，人們就更加有修好鄰里關係的強烈願望和內在需求。這就是我們所說的「親不親，故鄉人」，也就是說不管是不是同宗同族的人，僅憑是鄰里鄉親，這已經夠親了，已經具有守望相助、和睦相處的充分價值理由了。

第四，傳統鄰里關係承載了更多的社會功能和作用。由於傳統鄰里關係不僅是百姓因居住在一起而產生的日常交往關係，而且還是傳統社會政治治

理的基層組織，因此，它承載著更多的社會功能，具有更重要的社會作用。這種社會功能按隋唐政府推行的鄉里制或鄰里制，其鄉里的重要功能在於組織親鄰納稅應役及維持社會治安。唐代以鄉里爲單位的鄰里，在發生搶劫、侵犯等治安事件時，負有互相救助的法律義務。而且鄰里之間對於發生治安、違法事件負有連帶責任，對於國家財政而言，鄉里組織更重要的功能在於組織和幫助親鄰履行納稅應役的義務。唐代法令規定，「里正及官司妄脫漏增減以出入課役，贓重入己者，以枉法論。」（長孫無忌：《唐律疏議・名例》，北京：中華書局，1983）在隋唐五代時期，親鄰的經濟互助也是家族鄰里關係的重要社會功能。這種經濟互助，主要是養老、待寡、撫孤、濟貧、讓財、散財、擔保等方面，尤其是提倡和表彰財力較強者履行經濟互助義務。

第五，傳統鄰里關係還受到地方性的、宗族性的鄉村治理模式和鄉規民約的影響。由於傳統社會鄰里關係不僅是人們的一種生活居住關係，而且還承擔著諸多政治、法律、經濟功能，因此，一個村落和地區的鄰里關係是否良好，這關係到該地區的民眾教化，也就是說傳統鄰里關係是不是良好，是不是敦厚美善、和睦穩定，這也體現出當時社會的精神文明和社會文明程度。因此，歷代治理者上至皇帝下至地方官員，甚至一些大思想家兼官僚都非常關心鄉規民約的制定和落實，如明代大思想家王陽明就是這方面的一個典型。當然也有很多家訓和族規都把睦鄰作爲重要的道德要求。這些體現當時鄉村地方治理和道德教化的鄉規民約文本，是我們今天研究傳統鄰里關係的重要文獻和寶貴財富。

二

由於傳統鄰里關係具有如上這些特點和作用，我國傳統文化歷來注重鄰里關係的道德調節。早在儒家經典《春秋左傳・隱公六年》中就有言：「親仁善鄰，國之寶也。」把善鄰看作是國家之寶，這從政治治理的角度把善鄰提到了一個很高的地位，政治治理要達到一個良序和諧社會，自然離不開百姓居住生活共同體的和睦相處。《春秋左傳・僖公十三年》：「救災恤鄰，道也。行道有福。」這又把恤鄰即守望相助看作是人間正道，而行道之人必有厚福，這種認識也是有相當高度的。

古人不僅認識到鄰里關係的重要性，而且還認識到，鄰里關係雖然也離不開政治甚至法律手段調節，但作爲百姓的一種日常性生活關係，其調節主

要要依靠道德來加以調節。《大戴禮記‧曾子立事第四十九》:「君子義則有常,善則有鄰」,這就是說只有人們按照道德去行事,必然會善處鄰里,也能得鄰睦鄰。這種意思,孔子在《論語》中表達的更加明確,《論語‧里仁》:「子曰:「德不孤,必有鄰。」按朱熹《論語集注》的解釋:「鄰,猶親也。德不孤立,必以類應。故有德者,必有其類從之,如居之有鄰也。」這首先是說,德是不孤立的,如同居之有鄰,反過來我們也可以這樣解釋,只要有德,便自然會得鄰善鄰。爲了引證我們這種解釋並未違背孔子的價值觀,我們再來討論《論語》另外兩條關於鄰里關係的文獻,《論語‧公冶長》「子曰:熟謂微生高直?或乞醯焉,乞諸其鄰而與之。」意思是說,「孔子說,誰說微生高直?有人向他討點醋,他(不直說沒有),卻向鄰居討來轉借給人家。」從字面的直接意義上似乎是孔子在懷疑關於當時人們對微生高這個人的直的品格的懷疑,但透過這種直接的字面意思,我們卻發現古人是多麼重視鄰里關係,別人來借醋,自家沒有,即使轉借也要滿足鄰居的需要,這是多麼可貴呀!另一條記載爲《論語‧雍也》:「原思爲之宰,與之粟九百。辭。子曰『毋,以與爾鄰里鄉黨乎!』」翻譯過來是說,原思這個人當了孔子家的總管,孔子給他俸米九百。原思推辭不要。孔子說:不要推辭。有多的,就給你的鄰里鄉親吧!可見,親仁善鄰,惠及鄰里鄉親,是孔子所倡導的價值觀。《孟子‧滕文公上》有言:「鄉田同井,出入相友,守望相助,疾病相扶持,則百姓和睦。」在孟子看來,鄰里鄉親如果能做到出入友善相待,守望相助,疾病相扶,這樣百姓之間就會和睦。孟子這種論述不僅談到了善鄰的價值目標,而且指出了鄰里關係最重要的道德義務要求,是我國傳統文化鄰里關係的經典論述。

不僅儒家的經典文化重視善鄰的價值,而且我國民間的諸多俗文化文本都非常重視善鄰的價值。

比如,兩宋時期,鄉村社會的地緣認同觀念非常普遍,在宋人看來,鄰里關係固然較之宗親關係爲疏,但遠親不如近鄰,平時的相周相濟,往往近鄰勝於遠親。即如袁采所說:「至於鄰里鄉黨,雖比宗族爲疏,然其有無相資、緩急相倚、患難相救、疾病相扶,情義所關,亦爲甚重。」(袁采《袁氏世範》卷 3《睦鄰里以防不虞》)《袁氏世範》寫於南宋淳熙五年,即公元 1178 年,作者袁采。據說,此人秉性剛正,爲官廉明,頗有政績。袁采提出鄰居間要和睦相處,平日多加撫恤,有事相互照應。不要讓自家的小孩損壞鄰居的花果樹木,不要讓自家的牛羊雞鴨踐踏、啃啄鄰居的莊稼。鄉里有造橋修路的

公益事業，要盡力予以資助。宋眞德秀，字景元，號西山。先生長沙《勸歡詩》云：「千金難買是鄉鄰，思意相歡即是親。年若少時宜敬老，家才足後合憐貧。」林逋《省心錄》有言：「內睦者家道昌，外睦者人事濟。」王豫《蕉園日記》說：「治家嚴，家乃和；居鄉恕，鄉乃睦。」民間蒙學文本《小女兒語》也說：「鄰里親戚，都要和氣，性情溫熱，財物周濟。」清末民初石成金編著的《傳家寶》詩言鄰里關係：「生來同里共鄉鄰，不是交遊是所親。禮尚往來躬自厚，情關休戚我先恩。莫因小忿傷和氣，遂結成仇起鬥心。報復相戕還自累，始知和睦是安身。」連我國壯族《傳揚歌》中也說：「鄰里是兄弟，相敬又相讓。」

在我國後期俗文化文本中，對鄰里關係有較全面論述的當屬宋代縣令鄭玉道、彭仲剛等人編著而又經後人不斷完善並在宋元兩代廣爲流傳的《琴堂諭俗編》，該文本有「恤鄰里」專篇。該篇開篇認爲，鄰里鄉親如能相保、相受、相救、相周，「如此則百姓之情歡欣交通，而和睦之道著矣。」這按時下的語言說就是，正確處理鄰里關係必能促進和諧社會建設。中國傳統文化中這種通俗文本往往是繼承傳統、言事並論。這一俗編也是這樣，不僅引證集彙了古代先賢的相關論述，如除了上引孟子之言外，還引述說：「晏子曰：君子居，必擇鄰，可以避患。左氏曰：棄信背鄰，患熟恤之。故梁人宋季有百萬買宅，千萬買鄰之語，誠以急難相恤，遠親不如近鄰之密也。」還分析說「古人所以恤鄰里者，爲其貧富可以相資，緩急可以相助。苟平時有怨無恩，則臨難皆吾仇敵。」不僅言理，而且還舉出善鄰之榜樣事迹如蘇洵、軾、轍三人之父親蘇仲先的事迹，反面舉出一個叫戴文之因惡鄰而遭報應的事。不僅說人，而且說事。有這樣一則故事：有一名叫王吉的人，家居長安，東家有大棗木，垂吉庭中，其婦取以啖吉。吉後知之，乃去其婦。東家聞之，欲伐其棗，鄰里共止之。因請令還婦。里中爲之語曰「東家有樹，王吉婦去。東家棗全，去婦復還。」這則故事告訴我們，鄰里關係首先要求我們嚴格自律，相恕相諒，仁厚相處，必能處好關係。

在後代的勸俗文獻中，還有一個重要文本就是清世宗雍正皇帝的《聖諭廣訓》。雍正帝在康熙帝「聖諭十六條」的基礎上，親自對十六條加以逐條解釋，寫成這篇萬餘字的《聖諭廣訓》，於雍正二年（1724 年）二月頒佈全國，雍正七年（1729），又詔令鄉村設立鄉約。規定每月初一和十五，要由鄉約負責召集眾人宣講此文，一定要做到家喻戶曉，因此產生了廣泛的影響。廣訓

十六條，不僅有「和鄉黨以息爭訟」專條，其實還有很多條都言及了鄰里關係的處理之道如「明禮讓以厚風俗」、「訓子弟以禁非為」、「息誣告以全善良」、「誠匿逃以免株連」、「完錢糧以省催科」、「聯保甲以弭盜賊」、「解仇忿以重身命」。可以說全面闡述了傳統鄰里關係所承擔的社會功能及其處理之道。上舉諸訓條，有的是從納稅的經濟義務角度講的，有的則是從法律層面講的，還有從鄉村治理的聯保聯防角度講的，按清制，十家為甲，設長，十甲為保，設正，這種鄉里的保甲制保證了地方防止犯罪，聯防自保的功能。這些我們都不想加以分析。從道德建設的角度看，《聖諭廣訓》主要是「和鄉黨以息爭訟」、「明禮讓以厚風俗」兩訓直接談及了鄰里關係及其道德調節問題。下面我們對這兩訓做些分析介紹。

雍正皇帝指出，鄰里關係由於居住相近，交往密切，自然有可能因為小小矛盾就會起紛爭，「以里巷之近而舉動相猜、報復相尋，何以為安生業、長子孫計哉？」小事不注意，就會發展為大的矛盾，進而產生訴訟官司，如何息爭訟呢？就是要防微杜漸，從負面來講就是不要欺負人，恃強凌弱。「言息訟貴絕其端也，是故人有親疏，概接之以溫厚，事無大小，皆處之以謙沖。毋恃富以侮貧，毋挾貴以凌賤，毋飾智以欺愚，毋恃強以凌弱。」「毋犯囂凌之戒，毋蹈縱恣之愆，毋肆一念之貪遂成攘奪，毋逞一時之忿致啟紛爭，毋因貧富異形有蔑視之意，毋見強弱異勢起迫脅之心。各戒澆漓，共歸長厚，則循於禮者無悖行，敦於讓者無競心。」作為統治者的皇帝，考慮鄉鄰關係的出發點是保持社會穩定和鄉里和諧而不生爭訟，這樣要求臣民自覺循禮而不悖行，更不能滋生事端，引發矛盾和爭訟，這是鄰里和諧，鄉里穩定的基本前提。

從積極方面看，如何才能解決鄉親鄰里的日常矛盾，最好的辦法就是人們在遇到矛盾時要多溝通、講道理，要有包容之心和相恕之情。處理鄰里鄉親關係要以和為貴，以讓為德。如果人們都能具有相恕相敬相讓之心，「能和其心以待人，則不和者自化爾；爾能平其情以接物，則不平者亦孚。一人倡之，眾人從之；一家行之，一里傚之。由近以及於遠；由勉以至於安。」「里仁為美，比戶可封。訟息人安，延及世世。協和遍於萬邦。」只要搞好鄰里鄉親關係，不僅能社會和諧，而且還會遍於萬邦。

三

以上我們簡略考察了經典文化和世俗教化文本對鄰里關係的相關論述，

從文獻的角度引證出我國傳統文化是非常重視鄰里關係而且主要調節手段是道德，那麼，這種道德調節傳統或道德文化傳統主要有哪些觀念和規範呢？這裡試做如下概括和論證：

第一，以親仁善鄰爲道德態度。所謂親仁善鄰，按我的理解就是將血親之愛推擴到鄰里關係上，以友善的道德態度相互對待。中國傳統倫理的基礎是一種血緣倫理，由親愛提升出來的仁愛精神構成了傳統道德的精神淵藪和價值基礎。鄰里關係雖未必必然具有血緣聯繫，但由於在居住空間上比鄰而居，這種地緣關係之成立，實基於彼此相互扶助的需要，尤其是在社會結構相對單一的鄉村社會中，地緣關係更具有其他社會關係往往難以替代的現實作用，處理好鄰里關係是人們的內在生活需要。那麼，以什麼樣的道德態度來相互對待呢？這就是要以仁愛之心，友善相處，團結互助。你敬人一寸，人敬你一尺，投桃報李。美不美，家鄉水，親不親，家鄉人，遠水難救近火，遠親不如近鄰。人們生活中的七災八難、生老病死都難免需要他人的幫助。搞好鄰里關係，不僅基於互利互助的實用功能，而且鄰里和睦，自己也心情愉快，有歸屬感和認同感，從而才會有精神家園之感。試想如果鄰里關係如仇敵，那麼，居住在這樣的環境裏人怎麼會有好的心態和生活質量呢？

第二，以鄉鄰和睦爲價值目標。之所以如此，這可以從積極和消極兩個方面來看，從積極方面看，追求和諧是中國傳統社會倫理文化的終極價值目標，和諧不僅包括天人和諧，人自身的心身和諧，更重要的是人際和諧。人與人的和諧，首先是家庭家族內的和諧，正所謂「家和萬事興」，同時還包括政治意義上的君、臣、民的上下等級和諧，社會階層的士、農、工、商的和諧等。而鄰里和諧則是傳統社會和諧的基礎和集中體現。因爲如前所述，傳統中國主要是一種鄉村中國，從事政治的人畢竟是少數人，社會階層的分化也遠沒有現代社會那麼發達，而鄉里是否和諧在很大的意義上就是社會和諧的體現，如果鄉里不太平，那社會就會動蕩，鄰里和諧則是日常生活中社會和諧的保證，而且只有鄰里團結也會保證地方安定和諧。鄉鄰和諧不僅是民眾日常生活的精神需要，也被看作是良風美俗，因此，追求鄉鄰和睦就成爲中國傳統道德文化的價值目標之一。從消極方面來看，由於鄰里關係是百姓經常交往的關係，難免因利益紛爭而發生矛盾，引起紛爭，這樣和睦相處，止鬥息爭就成爲必然的要求和普遍的觀念。如湖南甘氏宗族家訓有言「至若鄰里，比屋聯居，非親即友。亦宜有無相通，患難相救，以讓救爭，以禮止

暴，乃成仁厚之風。宗族和順，鄉黨親睦，自無盜賊兇惡之徒爲之滋擾矣」。

第三，以相容相讓爲基本道德。追求和睦，如何能達致這樣的目標？這就是要相容相讓，相容就是要以儒家所講的恕道爲思想前提，以己之心，度人之心，對人要有同情心、體諒心，己所不欲，勿施予人，大度容人，嚴於律己，寬以待人。不僅要有這種倫理態度和思想方法，而且遇到實際利益紛爭時，要以相讓爲德爲行。正如古人所說，「禮之用貴於和，禮之實存乎讓。」忍和讓實在是處理鄰里關係的最好辦法，這確是古人確信的傳統美德。如作者少時有一個經驗，就是鄰居家孩子間如果在一起玩耍時打架時，總是家長斥責自己的孩子並領回自己的孩子息事寧人，而現在有的家長則是先訓別人的孩子甚至幫自己的孩子打別人的孩子，這不僅不符合傳統讓德，而且對孩子的教育有百害而無一利。在中國歷史上，有一則典型體現鄰里讓德的「六尺巷」的故事：康熙年間當朝宰相張英，與一位姓葉的侍郎，兩家毗鄰而居。張家打算擴大府第，家人便在鄰居身上打主意，想要葉家讓出 3 尺地面，給自家修院牆。鄰居葉府並非尋常人家，乃是桐城另一大戶，對張家要求不買賬。張家見葉府寸土不讓，便攛掇張夫人修書一封，派專人送往京城相府，要張英出面干預。張英見信後，對家裏人想依仗權勢強佔鄰居宅地頗不以爲然。他爲兩家的鄰里關係深感憂慮。立即作詩一首，叫來人帶回家鄉勸導老夫人：「千里家書只爲牆，再讓三尺又何妨。萬里長城今猶在，不見當年秦始皇！」張老夫人讀了張英的詩，覺得很有道理，對自己的行爲頗感慚愧，便命家人退後三尺築自家院牆。葉府見此情景深受感動，也馬上把院牆主動退後三尺。這樣，張葉兩家之間就形成了一條六尺寬的小巷，以後成了有名的「六尺巷」。這則史實有力的說明，鄰居關係只有遵循相容相讓的道德才會成爲友鄰善鄰。

第四，以相扶相助爲倫理義務。如果說相容相讓是一種消極性的倫理義務的話，而相扶相助就是一種積極性的倫理義務，也就是說處理鄰里關係，要做到相容相讓，這是一種有所守的基本道德，不僅如此，還應該有有所爲的積極道德，這就是要相扶相助。要有無相通，疾病相扶，患難相救。這種相扶相助的道德不僅受到儒家仁愛思想的影響，而且也受到墨家的兼相愛，交相利、周窮濟困思想的影響。可以說，相扶相助，不僅是一種倫理要求，而且實際上在傳統中國已經成爲民眾的生活方式和優良傳統。以作者兒時的經驗，就經常有孔子所說的向鄰人借醋的經驗，甚至也常有向鄰人借錢借物

的事如挑水擔、筒、農具等。到現在，有農村生活經驗的人都知道，遇到鄰居家蓋房、結婚、治喪，都是要去幫忙的。這種相扶相助的倫理義務在傳統中國還受到官方制度化的保證。如有的朝代就規定，連個人財產處置和出讓也必須先家族，再鄰人，如果前兩種人都不要，才能賣給其他人。又比如，唐代「侍老」制度規定，對年齡在八十歲以上者，給予一名「侍丁」在其身邊照顧。開元二十五年（737）的《戶令》中規定：「諸年八十及篤疾，給侍丁一人，九十二人，百歲三人，皆先盡子孫，次取親鄰，皆先輕色。無近親外取白丁者，人取家內中男者，並聽。」侍丁按照唐代法令還可以免役。(《唐律疏議・名例》) 可見唐代「高年給侍」制度旨在通過賦役優免和親鄰關係以達到「老有所養」的社會效果。也就是說，法律規定，如家中有老人而家中無人瞻養的，要從鄰居中取人奉養。前幾年我們表彰的一位道德榜樣，是說一位農村婦女幾十年養鄰居家老人，這種事看來在古代就有法律根據。這說明鄰居相扶相助不僅是一種道德要求，在傳統中國甚至得到了法律的保障。

總之，儘管鄰里關係在現代發生了很大的變化，出現了諸多與傳統社會不同的新特點，但中國傳統處理鄰里關係的歷史經驗和道德傳統仍然值得我們批判繼承，發揚光大。

（原載《孔子研究》2009 年第 4 期）

《老子》修身思想析論

　　《老子》一書自問世以來，由於其表述簡約含蓄隱諱，正言若反，以辯證思維揭示了普遍存在於自然、社會、人事的矛盾對立轉化規律，因此，不同的人對其解讀是不一樣的，有把它看作是權謀之書的，有說是兵法之書，有說是氣功之書，後世它又成爲道教所遵奉的基本經典，因而成爲宗教之書。這些不同的解讀，充分表明了《老子》一書思想的豐富性。在筆者看來，《老子》一書的思想內容主要包括論道即自然與社會的規律，論治國與議兵，論修身與養生幾個主要方面，但其思想核心卻是其修身思想。這一方面是因爲道家學派的主要關切是在亂世如何實現明哲保身，《老子》一書又名《道德經》，論道還是爲了修身。《老子》一書的內在關懷在於其修身思想，當然我們應該注意到，《老子》的修身思想是不同於儒家的修身思想的（待後詳述）。另一方面，我們從修身思想角度來解讀並理解《老子》，不僅會接近《老子》文本的思想眞實，更會有益於現代人的修身和人生實踐。基於此，筆者從修身的角度對《老子》這一經典文本提出自己的新的解讀。

一、何以修身？

　　1. 道法自然，重道守道是修身基礎。《老子》又名《道德經》，老子之修身或修德思想是以其對道的領悟爲思想前提的，因爲德是道的表現，道是德的基礎。「孔德之容，惟道是從。」（21 章）道爲德之內容、本體，德爲道之形式，功用，所以，修身修德，歸根到底，仍在於重道。只有重道，用道修養自身，「修之於身，其德乃眞；修之於家，其德乃餘；修之於鄉，其德乃長；修之於邦，其德乃豐；修之於天下，其德乃普」。（54 章）不僅德與道是統一

的，而且身心靈魂都必須與道合一，「載營魄抱一，能無離乎？」（10 章）守護靈魂與堅守大道必須緊密結合，不能分離。在此基礎上，要像嬰兒般平和寧靜，品德質樸純潔，處事清靜無爲，形貌柔弱卑下，態度謙虛恭敬。

道最大的特性在於「法自然」，什麼是自然？「自然」就是「自己這樣」、「自己如此」，因此，「道法自然」就是道無效法的對象，道的法則就是法自己，是「常自然」，是自然而然而不加人爲，正因爲道就是自然而然，因此，一個重道修身的人或聖人必然會「處無爲之事，行不言之教；萬物作而弗始，生而弗有，爲而弗恃，功成而弗居。夫唯弗居，是以不去」。（2 章）「道常無爲而無不爲。」（37 章）因此，老子修身思想的基本前提和出發點就是重道守道，法自然，或者說是依道修身，一切都要以無爲不言爲核心。所修之德，是無爲之上德。「上德不德，是以有德；下德不失德，是以無德。上德無爲而無以爲；下德無爲而有以爲。」（38 章）最高的德就是不追求儒家那樣的有爲之德，正因爲不是有意爲之，才是道家所謂上德。上德的人順應自然而無所作爲，下德的人順應自然而有作爲。《韓非子·解老》曰：「凡德者，以無爲集，以無欲成，以不思安，以不用固。爲之欲之則德無舍，德無舍則不全；用之思之則不固，不固則無功。」總之，道家所言之德不是儒家的有意爲之之德，而是自然無爲之德。「爲無爲，事無事，味無味。」（63 章）因此，其德是其道的直接體現即自然無爲，作無爲之爲，行無事之事，品無味之味。

2. 辯證思考是修身之思想方法。《老子》的思想充滿著辯證法，事物的兩方面相互聯繫與轉化不僅是客觀世界的規律，而且也是「道」的特性。道家思想與儒家思想構成了我國傳統文化中陰與陽、無爲與有爲兩方面的互補結構，因此，修身在思想方法上除了重道守道、道法自然外，最重要的就是要樹立辯證思考的方法，看到事物的兩面性和可轉化性。《老子》一書大量蘊含著這種辯證的思考和論述。如：「有無相生，難易相成，長短相形，高下相傾，音聲相和，前後相隨，恒也。」（2 章）「曲則全，枉則直，窪則盈，敝則新，少則得，多則惑。」（22 章）「禍兮，福之所倚；福兮，禍之所伏。」（58 章）《老子》第 11 章中有言：「埏埴以爲器，當其無，有器之用。鑿戶牖以爲室，當其無，有室之用。故有之以爲利，無之以爲用。」這段話的意思是說，把黏土放進模具做成器皿，有了器皿的中空，才能具有器皿的作用。開鑿門窗以爲房舍，有了門窗的中空，才能具有房舍的作用。因此，有了器物可以帶來便利，器物中空才能發揮作用。這段話非常生動的說明了有與無的辯證關

係，說明了人在思維中要考慮實有、有爲，同時必須樹立空無、無爲之思想，反而能夠有大用。在社會生活中，貴賤高下也是相互聯繫轉化的。「故貴以賤爲本，高以下爲基。」（39 章）事物的辯證性是一種客觀的存在，辯證思考應成爲修德者的思想方法，也應該成爲修德者做事的實踐原則。「人只有「不自見，故明，不自是，故彰；不自伐，故有功；不自矜，故長。」（22 章）

3. 貴生保身是修身之目的。儒家倡導「自天子以至於庶人一是皆以修身爲本」，而且認爲修身是齊家、治國、平天下的基礎，這種修身的目的和內容都包含濃厚的入世意味，而老子之修身思想是爲了貴生自保，明哲保身。貴身愛身就是貴己爲我，全性保眞，不爲外在的功名利祿所動，寵辱若驚。「名與身孰親？身與貨孰多？得與亡孰病？」（44 章）名利財貨都是身外之物，都不能與珍貴的生命相比，因此，爲爭名利而危及自身，實爲得不償失。人們對這種外在的名、利、得與身之關係要有正確的選擇，要貴身輕名利得失。而要做到貴身全性，必須要做到「知足不辱，知止不殆，可以長久」。（44 章）「寵辱若驚，貴大患若身。」（13 章）得寵則喜爲上，受辱則悲爲下，本是世人常情，但在老子看來，寵辱都是因爲名利之類的身外之物而造成的後果，都會由此帶來禍患，即有禍患是因爲有私利，無私利則無禍患，因此，作爲行道者應該無私無欲，清靜無爲，如果有了寵辱之類的情況發生，就會驚恐不安，反身自責，所以，拋棄私利，貴身愛身才是爲道根本。爲了貴身全身，有時就需要委曲求全，「古之所謂『曲則全』者，豈虛言哉？誠全而歸之。」（22 章）

二、身修何德？

1. 清靜無爲。清靜是無爲之思想前提，無爲是清靜之心之行爲表現。清靜要求人們致虛守靜。「致虛極，守靜篤。萬物並作，吾以觀復。夫物芸芸，各歸其根。歸根曰靜，靜曰『覆命』。覆命曰『常』，知常曰『明』。不知『常』，妄作凶。知『常』容，容乃公，公乃全，全乃天，天乃道，道乃久，沒身不殆。」（16 章）「致虛」，就是空虛其心，排除一切蒙蔽心靈的私念；「守靜」，就是堅守清靜之心，順應自然，絕不妄爲。這是道的法則，也是修身的第一要務。虛靜之境，是天地萬物的本始，因此，人之修身自然要以致虛守靜、清靜其心爲第一美德。只有這樣才會達到無爲而無不爲的目的。「靜勝躁，寒勝熱。清靜，爲天下正。」（45 章）

清靜，不僅表現在思想上，而且在行爲上所謂清靜的狀態體現爲穩重沉靜而反對輕率浮躁。「重爲輕根，靜爲躁君。」（26章）穩重是輕率的根本，沉靜是浮躁的主宰。「輕則失根，躁則失君。」（26章）輕率就會失去根本，浮躁就會喪失主宰。因此，一個人要有清靜的品德就要在行爲上不輕率浮躁而要穩重沉靜，低調做事，大善無痕。「善行，無轍迹；善言，無瑕讁；善數，不用籌策；善閉，無關楗而不可開；善結，無繩約而不可解。」（27章）「道之出口，淡乎其味，視之不足見，聽之不足聞，用之不足既。」（35章）道本身是平淡而無窮的，修德的人就要做事沈穩低調，無痕無迹。

無爲是老子修身思想在行爲上的總要求和總原則。「無有入有間。吾是以知無爲之有益。無言之教，無爲之益，天下希及之。」（43章）它可能表現在很多方面，不輕言，不妄作，行不言之教，爲無爲之事。也可以表現在政治上無爲而治，順應自然。「太上，不知有之，其次，親而譽之；其次，畏之；其次，侮之。……悠兮其貴言。功成事遂，百姓皆謂：『我自然』。」（17章）最好的侯王或統治，百姓感覺不到他存在；其次，百姓親近讚譽他；再其次，百姓害怕他；更其次，百姓侮辱他。最好的侯王不會輕易地發號施令。功業成就，百姓都說：「我們本來自己如此」。「我無爲，而民自化；我好靜，而民自正；我無事，而民自富；我無欲，而民自樸。」（57章）「道常無爲而無不爲。侯王若能守之，萬物將自化。」（37章）

2. 儉嗇謙下。儉嗇謙下是老子所言的「三寶」之二，這「三寶」就是慈、儉和不敢爲天下先（見67章），儉就是儉嗇，不敢爲天下先就是謙下不爭，甘居人後。可見儉嗇謙下之德在老子心目中的重要地位。

儉嗇是與清靜無爲之思想相聯繫的一種品德，這就是在欲望、物質、精神、行爲等方面都有一種吝嗇、簡約之態度和行爲方式，也是指愛惜精神，收斂精神，內心純樸，不事炫耀。儉嗇用以修身，則謙恭卑弱，守雌處下；用於治國，則處無爲之事，行不言之教，這都是長生久視之道。因此，人應該常守儉嗇之德，「治人事天，莫若嗇」（59章）。「持而盈之，不如其已。揣而銳之，不可長保。金玉滿堂，莫之能守；富貴而驕，自遺其咎。功遂身退，天之道也。」儉嗇是與盈滿相對立的美德，老子的辯證思維看到了任何事物到了極點即盈滿就會轉化，甚至會帶來禍害，倡導儉嗇與反對盈滿是相輔相成的，「保此道者，不欲盈。夫唯不盈，故能蔽而新成。」（15章）恰恰因爲不追求盈滿，所以敝舊卻能新生。這頗有點「謙虛使人進步，驕傲使人落後」

的意味，包含著生活的辯證法。倡導儉嗇，就要反對「餘食贅行」。「其在道也，曰：『餘食贅行，物或惡之』，故有道者不處。」（24章）從道的觀點來看，「多餘的飲食和行為，鬼神都會厭惡」。因此，有道的人不這樣做。「是以聖人去甚、去奢、去泰。」（29章）聖人要清靜無為，順應自然，除去極端，除去奢侈，除去過分。因為「物壯則老，是謂不道，不道早已」。（30章）事物發展到盛壯就會衰老，這就不符合道了，不符合道就會提早消亡。因此，人做事都不要過分，而要堅守儉嗇之德。

所謂謙下就是甘居人下人後的謙虛態度，以他人為先為重。這種美德也是以其對道德的辯證規律的認識為前提的。「天地所以能長且久者，以其不自生，故能長生。」天地之所以能長生，就是因為它不是為自己而生，因此，「聖人後其身而身先，外其身而身存，以其無私，故能成其私。」（7章）因此，一個得道修德之人常常能把自己看低、把別人看高，甚至把自己置之度外，這樣他才會成就自己。「江海所以能為百谷王者，以其善下之，故能為百谷王。是以聖人欲上民，必以言下之；欲先民，必以身後之。是以聖人處上而民不重，處前而民不害，是以天下樂推而不厭。以其不爭，故天下莫能與之爭。」（66章）因此，「善用人者，為之下。是謂不爭之德，是謂用人之力，是謂配天，古之極也。」（68章）能用人的人必然是處於上位之人，他如果還甘於人後，有謙下之德，這充分體現出他的能力高於常人，這是符合天道的，是古代最高的法則。

3. 慈愛公正。《老子》一書把慈愛作為其「三寶」之首，慈也就是廣泛的愛，老子認為只有慈愛天下所有的人，就能立於不敗之地。「夫慈，以戰則勝，以守以固。天將救之，以慈衛之。」（67章）《韓非子·解老》曰：「聖人之於萬事也，如慈母之為弱子慮也。」所以這種慈愛就像母愛一樣的情感，事事為天下的人操心奉獻。所謂慈愛區別於儒家之仁愛的特點就在於它不是一種有偏私的差等之愛，而是一種抽象的、公平的愛。「天地不仁，以萬物為芻狗；聖人不仁，以百姓為芻狗。」（5章）芻狗是用草紮成的狗，用來作為祭品，人們對它並無愛憎不同，未祭時受人敬重文飾，已祭後受到踐踏焚燒，芻狗前後的命運不同，並非由於人們的感情變化，是因為條件、環境、需要的不同而引起的，天地聖人對人並無私愛，而只有平等的對待。「故不可得而親，不可得而疏；不可得而利，不可得而害；不可得而貴，不可得而賤。故為天下貴。」聖人雖對百姓有普遍的慈愛，但對百姓卻不分親疏、利害、貴賤，

公平對待，一視同仁，這樣才會被天下的人所尊重。聖人或得道之人這種公平對待百姓的態度，可以說是天道的體現。「天道無親，常與善人。」（79章）天道是沒有私親的，經常幫助那些善良的人。「聖人不積，既以爲人，己愈有；既以與人，己愈多。」（81章）聖人不僅要從情感上慈愛天下之人，從態度上公平對待每個人，而且在行爲上還要常利人而不害人，聖人不積累財物，盡力幫助他人，自己更富有；全部給與他人，自己更加多。

　　愛是人類道德情感的淵藪，各大宗教和學派在道德上無不提倡愛，儒家講仁愛，墨家講兼愛，基督教講博愛，《老子》則講慈愛，這種慈愛是一種類似於母愛的崇高的愛，而且還是廣泛而公正的愛，這種愛的情感施之於百姓則要求修道者利而不害，甚至要「報怨以德」（63章），這都是很高的道德境界。相較於儒家仁的等差之愛，道家之慈愛更顯高尚，但對於中國人來說，它沒有儒家的仁愛有更強的可操作性。

　　4. 貴柔不爭。守雌貴柔是老子一再強調的道的原則，也是修道之人的重要美德。行道之人必須在深知自己雄強的前提下，主動地甘守雌弱，居於下流，因爲，弱勝強，柔勝剛。「天下之至柔，馳騁天下之至堅。」（43章）「人之生也柔弱，其死也堅強；草木之生也柔脆，其死也枯槁。故堅強者死之徒，柔弱者生之徒。是以兵強則滅，木強則折。強大處下，柔弱處上。」（76章）「天下莫柔弱於水，而攻堅強者莫之能勝，以其無以易之。弱之勝強，柔之勝剛，天下莫不知，莫能行。」（78章）因此，修身者必須「知其雄，守其雌，爲天下谿。爲天下谿，常德不離，復歸於嬰兒。」（28章）

　　「上善若水。水善利萬物而不爭，處眾人之所惡，故幾於道。」「夫唯不爭，故無尤。」（8章）上善的人也就是有崇高道德修養的人就像水那樣滋養萬物而不與之爭奪，正因爲不爭奪，所以沒有過失。在人際關係中，不爭是一種美德。「夫唯不爭，故天下莫能與之爭。」（22章）恰恰由於不爭，往往還能得到，而爭似乎並不能得到什麼。

　　5. 謹言慎行。「知者不言，言者不知。」（56章）從廣義上來理解，這句話是說真正知道的人或一個真正的智者是不多言的，多言的人不聰明。「多言數窮，不如守中。（5章）」多說話或統治者政令繁多而屢次失敗，還不如堅守空虛無爲，這樣才會寡尤。「希言自然。」（23章）不言教令是符合自然規律的，因此，聖者要行不言之教。不言、慎言與儒家之敏於行而訥於言相同，謹言還要求不要輕諾，因爲「輕諾必然寡信」。（63章）「信言不美，美言不信。

善者不辯，辯者不善。」（81 章）這種思想在傳統社會似乎被廣泛認同，與儒家「木訥近仁」思想有一致性，從現代觀點看來，這種觀點未必全是科學的，但其告訴我們要慎其言而不要言過其實，誇誇其談。儒道兩家都反對多言，而要訥於言而敏於行，這種觀念對中國文化和中國人的國民性塑造都發揮了重要影響，我們當代人在道德修養中應該批判繼承其合理要素。

慎行就是從小處易處著手，有始有終。「大小多少。圖難於其易，為大於其細。天下難事，必作於易；天下大事，必作於細。是以聖人終不為大，故能成其大。」「多易必多難。是以聖人猶難之，故終無難矣。」（63 章）也就是說做事把事情看得太容易必然會遭受困難，因此，聖人遇事都看得困難，所以最終就沒有困難，從而能把事情做得妥當貼切，這正是在倡導人做事要謹慎。要做到慎處其事，還要從一開始就要注意事物的發展變化，任何事物都有形成發展的過程，「合抱之木，生於毫末；九層之臺，起於累土；千里之行，始於足下。」（64 章）因此，凡事只要預先謀劃，有所準備，慎重對待，有始有終，「為之於未有，治之於未亂」（64 章），就可以戰勝困難，再則「慎終如始，則無敗事」。（64 章）這類似於儒家所言之慎德。

三、如何修身？

1. 塞兌閉門，為道日損。以儒家之入世主義的修身觀，必然要求積極參與，勇於實踐，弘毅自強，以天下為己任。而老子之道家學派追求的是一種隱世主義的人生境界，因此，其修身方法就不像儒家那樣，而是要求足不出戶，塞兌閉門。「不出戶，知天下；不窺牖，見天道。其出彌遠，其知彌少。是以聖人不行而知，不見而明，不為而成。」（47 章）這似乎在認識論上是一種唯心論，但在老子看來，這卻是重要的修養方法。老子認為道是萬物的本原，掌握了道就可以洞察一切，而對道的認知，必須自省感悟，只要內心純淨，質樸敦厚，自我修養，認真體會，就可以明道，觀照外物。因此，不出戶，不窺牖，可以知天道；如果外出實踐經驗，就會觸及社會欲望，污染心靈，而使得耳目蒙蔽，視聽混淆，不辨真偽，遠離大道，因此要「塞其兌，閉其門」。（52 章）兌，即口，泛指嗜欲的感官，門，門徑，指巧利的途徑。修道修身者要「塞其兌，閉其門，終身不勤；開其兌，濟其事，終身不救。」（52 章）如果打開嗜欲的感官，成就世間的庶務，則終身不可救藥。

2. 清心寡欲，知足知止。如何做到清心？就是要「見素抱樸，少私寡欲，

絕學無憂」。（19 章）顯現並堅守樸素，反樸歸眞，減少私欲，杜絕聖智、仁義、巧利之類所謂學問，才能沒有憂慮。這就是保持清靜其心的基本方法。

反對縱情，提倡節欲，這是《老子》一書提出的重要的修養方法，外界的聲色犬馬，金玉珠寶，會對人的感官產生刺激和心理誘惑。「五色令人目盲，五音令人耳聾，五味令人口爽，馳騁畋獵令人心發狂，難得之貨令人行妨。是以聖人爲腹不爲目。故去彼取此。」（12 章）

「禍莫大於不知足，咎莫大於欲得。故知足之足，常足矣。」（46 章）「知足者富。」（33 章）知道滿足就是富有。「故知足不辱，知止不殆，可以長久。」（44 章）「知止可以不殆。」（32 章）知道事物的界限，知所不爲就會脫離危險而處於不敗之地。

3. 滌除玄鑒、自知自勝。玄鑒，是指微妙的心鏡，滌除玄鑒就是說人之修養，要對自己的心靈像天天照鏡子一樣，時時檢查有無缺失，並加以洗滌擦拭。「滌除玄鑒，能無疵乎？」（10 章）這與儒家所言反求諸己，反省自省，知錯改錯的修養之道有類似之處。

「知人者智，自知者明。勝人者有力，自勝者強。」（33 章）對外的「知人」、「勝人」，故然可貴；對內的「自知」、「自勝」，更爲重要，人貴有自知之明，能自知是最大的聰明，能戰勝自我，實現自我控制是道德修養的根本，必將成爲一個道德上堅強有力的人。如何能做到自知、自勝？這就要不妄自尊大，甘居弱小。「以其終不自爲大，故能成其大。」（34 章）自知自勝，即是一種修養之道，也是聖人的一種修養境界。「是以聖人自知不自見，自愛不自貴。故去彼取此。」（72 章）聖人有自知之明卻不自我表現，自我愛護卻不自顯高貴。所以，應該拋棄「自見」、「自貴」，採取「自知」、「自愛」。

結 語

《老子》思想內容是豐富的，從修身角度對《老子》這一經典文本重新進行解讀認識是有意義的，它不僅有利於深化《老子》研究，更能爲現代人的修身提供智慧的借鑒。

《老子》的修身思想與儒家是有差異的，所修之德必須以其所奉之道相一致，因此，法自然、無爲就成爲《老子》修身的基本思想前提。《老子》文本充滿豐富的辯證法思想，這成爲修道修德修身之人的思想方法論。另外，《老子》所強調的修身思想的目的是與儒家大異其趣的，儒家學派追求的是以天

下為己任，修身目的是為了齊家治國平天下。而《老子》及其道家之修身目的卻是為了明哲保身，因此，貴生保身就成為《老子》修身的目的。

正是因為修身目的不同，其所修之德的內容也就不同，《老子》所倡導的清靜無為之德可以說是其道法自然的直接體現和諸德的總原則。其儉嗇謙下、慈愛、公正是老子視為「三寶」的核心德目，貴柔不爭是道家人生觀在人際關係上的體現，是道家修身思想的重要德目，而謹言慎行則是其清靜儉嗇的實踐貫徹和落實。道家所言諸德目，與儒家之智仁勇、仁義禮智以及管子之「禮義廉恥」等入世性的德目的意趣有很大不同，它雖有人際性的抽象的慈愛公正之德，但大多是屬於明哲保身的個人內在的品質，其精神趨向指向一種陰柔、內斂、低調的品質，但這種品質要求對於中國人的國民性塑造發揮了重要影響。儒道兩家是中國文化中相互補充的陰陽兩面，要實現儒家治平天下的目的，就必須要有足夠的人生和道德智慧，不能明哲保身，就難以治平天下，因此，中國人之修身不僅需要儒家之剛健之德，更需要道家之陰柔之德。這樣才會身全事成，否則就會馬失前蹄、英雄壯烈。而且從中國文化的氛圍來看，中國人一方面倡導儒家之剛健人格，但卻更欣賞道家之陰柔低調人格。因此，在現代人的修身中，不僅應該學習儒家的道德智慧，更應汲取道家之修身智慧，以完善人格，獲得人生的成功與幸福。

《老子》的修養方法論也自有其學派特點。由於《老子》是道家和道教所遵奉的主要經典，道家學派的思想意趣主要是一種隱世主義的追求，因此，其修養方法自然是閉門清修，因此，倡導塞兌閉門，為道日損的修養方法，強調清心寡欲，知足知止的修養方法是一切具有出身主義傾向的宗教的普遍修養方法，而滌除玄鑒、自知自勝強調了道德修養主體的自覺性、能動性，可以說是其修養理論的主體前提。

總之，《老子》一書具有其獨特而全面的修身理論，不僅包括何以修身的形上基礎，而且有其修養內容即德目，更有其修養方法，全面疏理揭示《老子》的修身思想，對於加強現代人的人格修養具有非常重要而迫切的意義和價值。

（原載《理論視野》2012 年第 7 期）

「知命」、「造命」與「生以載義」
——船山人生觀思想漫議

　　王夫之在思想史和倫理思想史上以其思想的綜合、博大、深刻、精微著稱於世，有的思想史家認為他的貢獻只有朱熹和他近似。在其思想的各個論域都體現出他作為古代思想的集大成者的批判性總結作用，當然這種批判性總結也不乏其思想的新創造、新發展。人文思想的原創性，無疑是思想家在特殊歷史背景與人生境遇中的心靈呈現。

　　人文思想與知識的回溯性，使我們這些後學每次重溫先哲的思想時，無疑也是在再次與他們的心靈進行對話。在這種對話中，我們不僅要看他說了什麼，而且要結合他的人生情景，這樣才會更深刻地理解他的思想、人生與人格。

　　如果說其思想是其心靈的呈現的話，那麼，一定思想家的人生思想更是其人生觀的直接表達。這種人生思想不僅是思想家們認知、體悟的結果，而且是其對人生的某種價值信仰，構成其人生的價值支撐和人格基礎。縱觀船山的人生思想和其一生坎坷經歷，更令人感到其人格之偉岸。他是一個深受儒家思想影響的學者，青年中舉，但不與非正統的農民起義領袖張獻忠等為伍。他是一個有責任感的民族愛國主義者，深懷亡國之悲情，投入到反清復明的政治鬥爭中去，歷盡種種政治磨難，險些喪命，終不得果，但他也不因此而喪其志，也不因此以私廢公。時也命也，最後只能在後半生以隱遁著述為生，生活非常清苦。或與瑤人雜處，或託迹破廟，或居住土室。儘管如此他仍然不聽好友方以智勸而我行我素，堅決不皈依佛門。真可謂「窮且益堅，

不墜青雲之志」。近四十年裏勤奮思考與寫作，創造了思想史上的一個奇迹。爲我們留下了豐厚的思想饋贈，眞乃「爲往聖繼絕學」的不朽思想家。能夠在大半生中隱世自居而筆耕不輟，這種清靜自守的精神在我們這個浮躁的當代社會中，已經令我們這些後學汗顏並肅然起敬。因此當我們今天再次重溫其人生觀思想時，不僅會因爲其思想的全面深刻而獲得一種認知的理性愉悅，更能感到先哲對我們人生境界的提升，從而滋養我們的人生，提升我們的道德境界。

傳統人生觀有諸多問題，其中生與義、力與命的關係問題是先哲們都要思考的問題。縱觀船山的人生觀思想，對上述問題都有全面的論述，體現出珍生與貴義的統一、知命與造命的統一。

生與義就是生存、生命與道德、義節的關係問題，這是儒家思想中面臨的首要人生觀問題。首先作爲一種常態的人生問題或者生命、生存作爲一個人生事實問題，儒家是非常重視生命的價值的。《周易·繫辭下傳》說「天地之大德曰生，天地之性人爲貴。」儒家的經典《尙書》將「壽」列爲「五福」之首。五福：一曰壽、二曰富、三曰康寧、四曰攸好德、五曰考老終命。「季路問事鬼神。子曰：『未能事人，焉能事鬼。』曰：『敢問死。』曰：『未知生焉知死。』」（《論語·先進》）從這段話可以清楚地看到，孔子是重視人的生命價值的。但是儒家重現實生命的價值並不僅僅是爲了長壽，而是爲了去實現他們所主張的人生價值和社會抱負。在他們看來人的生命是實現理想的前提。

當然，在生命與道德出現矛盾時，兩者不可兼得的情況下，作爲一種人生價值觀的選擇，儒家則提倡「志士仁人，無求生以害仁，有殺身以成仁。」（《論語·衛靈公》）又如孟子所說「生，亦我所欲也，義亦我所欲也，二者不可得兼，舍生而取義者也。」（《孟子·告子上》）

那麼，這兩種思想是否矛盾呢？筆者認爲是不矛盾的。這是儒家應對兩種人生境況的不同選擇，但都體現了對人的生命價值與意義的追求。當人生處於常態時，每個人都應修身養性以養生從而獲得長壽，這樣不僅可以獲得自身的長壽幸福，而且才可以孝敬父母、光耀家族、忠君報國、治平天下。但當一己之生命與道義責任相矛盾時，甚至出現了尖銳對抗的情景時那麼就要捨去一己之生命而成仁取義。「仁者壽」體現了對一己之現實生命價值的珍視，而「殺身成仁」則是對生命的社會意義和精神的、永恒的價值的重視與追求。誠然生命對每一個個體都只有一次，因而是極其寶貴的。但是當天下

興亡、民族大義、家族責任、德之操守需要犧牲這種個體生命時，自覺地獻身以立德、立功、立言達到人生之「不朽」與永恒，這不僅不是對生命價值的漠視，而是對生命價值的提升與超越。「人生自古誰無死，留取丹心照汗青。」（文天祥語）「苟利國家生死以，豈因禍福避趨之。」（林則徐語）這種殺身成仁、舍生取義的儒家精神成為中華民族精神的重要內涵，培養了為數眾多的仁人志士，推動了民族的發展、繁榮。弘揚了他們個體生命的價值，使他們青史留名，使其精神生命實現了永恒。

在生與義的關係問題上，王夫之認為生與義是統一的。生是義的基礎「以生載義」義是生的價值；「義以立生」，人必須重視自己的生命，只有珍生，才有道德可言；只有主動，才有善惡之分。這種珍生的觀點是重視人的價值的表現，也具有啟蒙主義的作用。當然，他認為「珍生」與「載義」是不可分的。生命之所以可貴，就在於它能載義。生固然重要，義更加重要。生命不體現道德原則，就沒有價值。「生以載義」是把生命看成是實現道德原則的前提和基礎，而「義以立生」則是把維護道德原則作為生命的重要價值。正因為這樣，生命是可貴的。但「生」與「義」二者不能兼顧的時候，就應該舍生作出自我犧牲。這種人生觀繼承了儒家「舍生取義」、「殺身成仁」的倫理傳統，突出了人格尊嚴和生命的道德價值，具有鮮明的時代特色。正因為如此，他特別強調志氣、氣節在人生中的意義。在他看來，人生應有堅貞之志與日月爭光，抱定一個崇高目的，做到「以身任天下」，寵辱不驚，寧死不屈，生死當前而不變，只有這樣才能成為一個純粹高尚的人。

船山思想的全面性再一次體現在當時的世風日下。實際上由於重義輕利的主導價值觀的影響，人們過分看重儒家思想中的「殺身成仁」、「舍生取義」的思想，殊不知儒家同樣是珍生的，不是在任何條件下都要人們「殺身成仁」、「舍生取義」的。今天當我們重溫船山的思想時，不由得使人聯想起我們在極左的年代，也是處處要人們「一不怕苦，二不怕死」，要人們學習黃繼光、董存瑞。這在戰爭年代的特殊情景下，是非常需要的。但在和平建設年代，不是在任何時間任何條件都需要做出這種獻身性的高度犧牲。似乎道德就是要自我犧牲，這真是一種「要了命」的道德觀念。

人的一生究竟是由客觀的或某種先在的命運決定的，還是由人的後天努力決定的，在中國古代，這個問題被稱作力命觀。「莫之致而至者，命也」。命是指人力所無法支配的即命運遭際。命可以理解為命運、宿命、得志與不

得志的運氣和狀況、吉凶禍福的遭際等。在唯心論看來，人的命是天所賜予的宿命，是不可改變的。在唯物論看來，它是一種客觀的必然性和不可拒性。與命相對的是「力」。力是我們主觀改造客觀的能力與行動，是我們的主觀能動性和積極修爲。力命論就是對這個人生問題的探討。

關於力命關係，在中國傳統哲學中有堅持「天命論」或宿命論觀點的，主張聽天由命，無可奈何而安之若命。否定人的主觀能動性。這種理論，有的是一種神學的先驗論，認爲一切都是天所定的人的後天努力是不起什麼作用的。在傳統社會，面對自然與社會的挑戰，人有時會覺得個人的主觀能力是很有限的，特別是普通下層百姓，更是感到一種無力和無助。因此往往就會信仰一種天命論、宿命論，從而保持一種心態的平衡。堅持唯物主義觀點的人或者從社會關係的角度看，有的思想家雖然承認人的主觀努力的重要性，但同時也承認有人力所不能及的地方，他們把這種人力不能及的或人力不能改變的客觀必然性視作是命。如孔子一生爲其學說而奔走努力，但還是不得志，其人生也是悲劇性的，他只能把這歸結爲命。只能「盡人事，知天命」。就是對什麼事都要盡力，但還是擺脫不了命，因爲人總是要受客觀條件的影響和限制，因此人有時也得認命。「子曰：道之將行也與，命也；道之將廢也與，命也。《論語・憲問》在孔子看來道之將行將廢這都是命。

那麼面對這種客觀的命運人應該抱持一種什麼態度呢？按照儒家的態度，其一是克盡人力，不懈地修養和弘道行仁。如有不得，安之若命，也就是承認命。淡然處之，安之若素。盡人力而知天命。其二對仁義道德這些求之在我能得者，這就是仁義禮智、道德修養。強調其「求則得之，捨則失之」。要求盡心修養，不稍懈怠。對於聲色味臭、四肢安佚等物質享受，是求在外者也是得還是不得不是完全由我的人力所決定的，人們要抱持一種「求之有道，得之有命」的態度。要求人們不作妄求，安之若命。而且在宋儒看來，君子只應關心義而不關心命。而所謂命是爲中人以下的人所設的。

在傳統中國，雖然天命論或宿命論有相當大的影響，但主張人應該積極有爲的觀點仍然佔據主導的地位。如俗話說的「成事在天、謀事在人」，並不因爲有某種客觀的不能企及之處的存在，而放棄人的積極努力。要樹立成事在力的觀念和信心。人活在世界上，眞正辦事還得靠我們自己的努力，靠人發揮主觀能動性。在中國思想史上，荀子主張要制天命而用之，並且提出了「人定勝天」的響亮口號。人類與其消極地順從天命，不如認識把握規律來

利用它，為自己服務。在大眾信仰層面，老百姓也是一方面相信宿命；一方面，又主張造命即人的命運是可以通過自己的主觀努力而改變的。

在這一問題上，王夫之作為一位有唯物主義傾向的哲學家，他反對那種「援天以治人」的神學說教，認為「天」並沒有什麼神秘性，而不過是呈現在人們面前被人們所感知的自然界及其規律而已。這顯然對「天」做了唯物主義的理解。人作為自然的產物，也必然遵循自然的規律，不能強天以從人。但人與天的區別就是天無為而人有為，人為了滿足自己的生活要求，就要發揮自己的主觀能動性，治理萬物。使自然界更合乎人的需要和理想。「自然者天地，主持者人」（《周易外傳 6 卷》）。人不是自然界的奴僕，而是自然界的主體。據此，他對儒家的「知命」說作了新的解釋。他認為人要「知命」但目的是為了「造命」不但君相可以造命，而且一般人如果加強道德修養，也都可以「造命」。王夫之肯定人在自然界中的主體地位，強調人可以掌握自己的命運，特別是他把「造命」擴大到「一介之士」這種思想對後世產生了很大的影響。

明末清初後，中國思想傳統不僅以經典文化的「大傳統」的形式傳承著，也以民間「小傳統」的通俗文化的形式傳承著。這兩種文化間的互動也日益廣泛。對於力命、義命這種與每個人的人生實踐都有關係的人生主題就更是為廣大民眾所關注。長期以來宿命論的消極人生觀影響著廣大民眾，但「造命」的積極思想也為民眾所認同，中國傳統的「造命」思想認為道德可以改變命運，而道德則需要每個人反求諸己，通過內修而達到的。因此，這種造命思想給普通民眾以道德價值信仰和生活的希望。王夫之的一介之夫也可以造的思想無疑對民眾的人生實踐有重要的激勵作用。另外船山這種「造命」的思想可以說是當時民間思想的一種體現，也反映了他對下層民情的體察。這種「知命」基礎上的「造命」思想在船山稍前的袁黃寫的家訓《了凡四訓》中已有體現。

一般民眾起初可能都信宿命論，這是一種消極的人生觀，容易使人「澹然無求矣」。在《了凡四訓》看來，這種相信盛衰興否皆有定數，人須聽天由命，隨業流轉的思想是凡人之迷。而相信福禍轉移操之在人，積善斷惡災消福來，命自我造，數不能拘的人生觀才是覺悟之人的正確人生信念。應該說這兩種人生信念在古代民眾生活中均有普遍表現。一般貧苦的、無文化的、軟弱無助的、命運不濟的人大都相信宿命論，雖然這麻痹了他們與命運抗爭

的鬥志，但卻給他們的心靈以慰藉。而福善禍淫這種德福統一的人生價值信念，在中國古代對於人們的道德實踐是發揮了相當積極的作用，它給民眾的人生與道德實踐以動因、信心和力量。雖然在實際的人生實踐中可能出現德福不一致甚或是德福對立的現實狀況，但作爲一種人生價值信念爲大多數民眾所深信，這也是不爭的事實。

總之船山作爲中國人生智慧的集大成者，不僅全面論述了珍生與載義的辯證關係，而且也論述了知命與造命的辯證關係。船山的思想使我們對這種重大的人生問題保持清醒的理智，另一方面，我們也從船山的人生經歷與人格中獲得了力量和滋養。船山用其一生實踐了他的思想，珍生使他在那樣窮困潦倒的生存狀態下仍能享受「古來稀」的七十三歲高壽。載義使他即使在這種艱苦的人生境遇下也不改志易節，不斷追求自己的理想。命這種客觀的東西是人力不可及的。因此，在船山所處的歷史時代，他雖然有一腔愛國之心、復明之志，但時也勢也命也僅憑一人之力是難以改變客觀的命。因此，人必須知命，甚至面臨政治迫害與追殺時也要明哲保身。知命而不認命，在知命的前提下，仍然要在主觀允許的條件下不墜青雲之志，而去造命，發揮主觀能動性。正是這種樂觀主義的人生態度對道義、責任、人格的堅守才使他在四十年的隱遁生活中創造出中國思想史上的偉大著述而澤被後人。從而使我們這些後學不僅從其思想著作中獲益，而且從其人生信仰與人生實踐中得到心靈的滋養與人生境界的提升。

（原載《衡陽師院學報》2007 年第 2 期）

禮義廉恥的時代價值──船山倫理思想新悟

　　王夫之在思想史和倫理思想史上以其思想的綜合、博大、深刻、精微著稱於世，其思想在清末才受到重視，《船山學刊》卻已經有百年歷史，以研究古代某位思想家爲要旨的學術刊物在學術界爲數並不多，這又彰顯了船山思想在中國思想中的重要性。每一位思想家或哲學家，其思想的實踐關懷，總是要落實到其政治與倫理思想方面，船山的倫理思想是船山思想的重要內容，在紀念該刊創刊百年之時，在新的歷史條件下重溫船山倫理思想的人生智慧與當代價值，從中又能給我們新的啓迪和滋養。

　　船山倫理思想概括起來講，就是強調禮義廉恥的價值，禮義廉恥連用作爲「國之四維」，爲管子所首創，到了宋代以後，這種價值觀被普遍接受，成爲宋明以後的「八德」即「孝悌忠信、禮義廉恥」的核心內容。王夫之作爲明末清初的思想家，肯定也會受到這種社會普遍價值觀的影響，他雖然並沒有將這「四維」集中討論，卻在不同的論述中重視這「四維」的價值。本人則感到在當代中國，重新發掘船山重視「四維」相關價值的思想，對於當代中國的社會文明與道德建設是很有價值的。

一

　　在理欲觀上，他既強調「天理與人欲同行」，天理即存於人欲之中：「天理必寓於人性之中。」（《周易內傳》卷三下）「禮雖純爲天理之節文，而必寓於人欲以見，唯然，故終不離人而別爲天，終不離欲而別有理也。」（《讀四

書大全說》卷八）「人欲之大公，即天理之至正矣。」（《四書訓義》卷三）這些論述都強調了理與欲相統一的一面，強調了理要寓於欲，人欲之大公即是天理。船山雖然強調欲與理同爲人性中不可缺的內容，但較之「欲」，「理」更爲重要，它體現了人的本質，人與禽獸不同的根本所在。因此，他要求人們在「人欲中擇天理」，在「天理中辨人欲」，「以理導欲」「以義制利」。他認爲理與欲的關係，是人性中形而上與形而下的關係，是一個互爲依存的統一體，人要「養性導欲於理」或者說要以理導欲，以理節欲。他說：「無理則欲濫，無欲則理亦廢。」（《周易內傳》卷二下《大過》），而「順其道」，則理欲「不相悖害，合兩者而互爲體也」（《張子正蒙注・誠明》）。可見船山的理欲觀是一種非常全面、周延、深刻的理論，即強調了欲、理一體或者說欲對理的前提基礎性，又強調了理作爲人的本質對欲的指導與制約作用。

理欲問題在思想史上不僅是一個涉及到人性是什麼的人的存在論問題，更是一個主體修養論的問題。在一定意義上說，一個人有無好的道德修養，就是看其能否用其「理性積澱」（李澤厚語，實指道德）來指導、約束其感性欲望。改革開放之初，我們要發展經濟，全民致富，自然是要在思想上破除極左的「道德至上主義」和禁欲主義，要肯定人們的利益追求，用利益這個槓杆調動人們的積極性，爲此，我們就要在思想上承認人們欲望的合理性，這就像明末清初啓蒙思想家們一樣，大都肯定人的欲望的合理性，但實際上，人是理與欲的統一，甚至理性才是人的本質所在，如果人無理性，任欲望主宰，人不僅不會有道德，而且會淪爲違法犯罪者，如果不把欲望關在理性的籠子裏，任憑「人欲橫流」，那肯定會導致人格的墜落和諸多社會問題的出現。縱觀當代中國，恐怕是中國歷史上欲望泛濫成災而理性嚴重不足的時期之一，聲色犬馬、利欲薰心，欲望使人們焦躁不安，欲望使人們迷失方向，因此，在這種情勢下，重溫學習船山思想這種全面的理欲觀，既不否認人欲的合理性，又善於用理性的指導約束人的欲望使其不致泛濫，從而過上一種物質生活富裕而又不失理性與道德的善生活，這無論對於人性的完善還是生活的幸福，都是非常有啓迪意義的思想滋養。

二

在義利關係上，王夫之認爲絕不能一般地否定利，但必須區別「公利」和「私利」，而「人欲之大公，即天理之至正矣」。對於個人修養來說，人應

該盡量摒私利而求公利，以求得人格的高尚，對於社會而言，如果各人「孳孳為利」，就必然會「利在則仇親，利去則親仇」，致使「世愈降，道愈偷，望其間者愈戚矣。」因此，他提出必須以義制利。對於社會治理者而言，不是僅懂得「一人之正義」，也不僅是「一時之大義」，而應是「古今之通義」。一個社會如果其統治者或管理者「出義入利」，只為一人一姓之私利，而「人道不立」，那麼「其害天下與來世，亦慘矣哉！」

進而，王夫之提出了「禮樂為本、衣食為末」的思想。他不同意李贄的「穿衣吃飯，即是人倫物理。除卻穿衣吃飯，無人倫物理矣」（李贄：《答鄧石陽》）的觀點，提醒「有志者勿惑焉」（《思問錄》內篇）。他對管仲學派的「倉廩實則知禮節，衣食足則知榮辱」的觀點也提出了批評。他認為，如果「待其（衣食）足而後有廉恥，待其（財物）阜而後有禮樂，則先乎此者無有矣」，在衣食足、財物阜之前就沒有廉恥和禮樂，於是，「可以得利者，無不為也」（《詩廣傳》卷三）。社會就會成為物欲橫流、無廉無恥、無所不為的罪惡世界，這樣，物質豐裕又有什麼意義呢！王夫之的觀點是：「以裕民之衣食，必以廉恥之心裕之，以調國之財用，必以禮樂之情調之。」（同上）就是說，不是先有物質生活資料的豐裕而後才會有道德水平的提高，而是應以道德文化去調節物質生活和物質生活資料的增長。充分肯定了道德文化對物質生活的積極指導作用，克服了管子命題的片面性和機械性，是「以理導欲」、「由義」而利、「離義」必害原則的體現。在中國義利觀的發展史上又添了一抹亮麗的色彩。

義利問題被宋儒稱為「儒者第一義」，道德與利益的關係問題常常被看作是倫理學的基本問題。改革開放、發展經濟，都需要克服片面的崇義貶利的義利觀，但卻絕不是要反過來唯利是從，見利忘義。如果一味的鼓勵人們追求一己私利，如果各人「孳孳為利」，就必然會「利在則仇親，利去則親仇」，致使「世愈降，道愈偷，望其間者愈戚矣。」中國近三十年來，很多人奉行的唯一原則就是利益原則，家庭關係本來其基礎是建立在親情與倫理基礎上的，是「有情有義」的關係，但是由於利益追求的膨脹，人們真是撕去了那層罩在家庭關係上面的溫情脈脈的面紗，為了利益，不惜對簿公堂，不惜父母親子反目，不惜在電視上公開吵架，真是見利忘義，寡廉鮮恥。

義利問題的正確解決，不僅涉及到個人的修養，家庭的和諧，更關係到國家的長治久安和永續發展，因此，樹立正確的義利觀也是提高現代國家治

理之道。在改革開放之初，我們爲了發展經濟，在一段時間裏，管子的「倉廩實則知禮節，衣食足則知榮辱」的觀點得到了廣泛宣傳與傳播，意在強調物質文明是精神文明的基礎與前提，這自有其一定的合理性，但這是一種機械的、簡單化的觀點，按這種理論，我們經過三十多年的建設，應該說經濟上取得了令世人矚目的成就，但道德卻並沒因此而提高甚至出現了諸多道德淪喪的現象，以此歷史經驗觀之，船山對管子命題片面性的批評，對道德重要作用的肯定就顯得是多麼深刻而富有啓發。經濟發展與道德進步並不是一種簡單的線性關係，而是要用道德爲經濟與社會的健康全面發展提供正確方向和原則指導，另外，在人的生活與幸福中，物質與精神，利益與道德都是不可或缺的。如果全社會一味的追求利益而不顧道德，就會出現孟子所說的「上下交征利則國危矣」的狀況。在提高現代國家治理水平過程中，我們不僅要更好地促進經濟發展，而且要以德興國，以德立人。

三

　　修養論是任何一種倫理學說和倫理思維的歸著點，王夫之也不例外，他特別強調要有獨立人格，要重視個人修德屬行、他特別強調好學、力行、知恥在修養中的重要性。他說：「好學、力行、知恥皆秉此以爲德。」（《思問錄》內篇）「知自好者亦應恥爲之。」（《噩夢》）他說：「顏子好學，知者不逮也。伊尹知恥，勇者不逮也。志伊尹之志，學顏子之學，善用天德矣。世教衰，民行不興，『見不賢而內自省』，知恥之功大矣。」（《思問錄》內篇）「知恥者知所恥也」，「故恥必知擇，而後可謂之有恥。」（同上）王夫之非常重視廉恥觀念，一再強調「士之有廉恥，民之有生理。」（《噩夢》）他對當時的「廉恥風衰，君師道喪」（《黃書・大正第六》）的社會現實痛心疾首，他憤怒揭露統治者「滅人廉恥」是「敗國之綱」。（《噩夢》）如何樹立和保持人們的廉恥觀念，王夫之提倡「廉恥屬，行檢修，學術正。」（《黃書・大正第六》）在吏治方面，則要「抑貪勸廉」，「獎其廉恥」，「用其朝氣」。他相信，只要「一以道義廉恥相獎，則人才士風，庶幾可改。」（《噩夢》）王夫之的這種信念，是建立在對「故國」「漢家」的文化傳統的高度自信基礎上的。

　　以船山關於廉恥思想的論述反思當代生活，又深感其思想有切中時弊之功。當代社會要改革發展，但人民群眾最不滿的問題是什麼？就是官員貪腐甚至是整個世風的貪腐少廉。貪腐帶來了全社會的奢靡之風，這都是一種敗

家子的作風，我們可喜的看到，以習近平爲總書記的新一代黨和國家領導集體上任一年多來，既注重改革發展，又高度重視反腐倡廉，從落實八項規定開始做起提倡廉正之風，從抓貪腐官員入手整頓吏治，這一切都深得人民群眾擁護。

道德生活的健康發展，不僅依賴人們要正確解決義利、理欲、公私、群己等關係問題，而且要求主體在心理上形成正確的價值觀與榮辱觀，如果一個人是非不清，黑白顛倒，好壞不分，榮辱難辨，那也是道德淪落的表現。知恥近乎勇，馬克‧吐溫甚至將人定義爲「是唯一知道羞恥的動物」，反觀當代社會的道德狀況，從主體的角度看，最可怕的就是人們是非顛倒，榮辱不分，寡廉鮮恥。人們把錯誤的當成見怪不怪的正常現象，把正確的東西當作了有點奇怪的另類的東西，這才眞正體現出了道德在人心中的眞正淪落。因此，前些年，胡錦濤同志倡導要對人民進行「八榮八恥」的教育，習近平同志近年來高度重視社會主義核心價值觀的教育，這一切都要最終落實到人們是否形成對道德價值的尊崇敬畏，對不道德之事的羞恥感，這樣才能眞正在人心中重新建立起是非感、正義感、責任感的道德良心，築起我們內心的道德長城。因此，我們不僅要從船山重視廉德的思想中汲取智慧，加強幹部的廉政建設，而且要從其重視恥感思想中吸取營養，加強全民的道德價值觀與道德心理建設，不斷促進人的道德素質提高，實現以德立人的目標。

禮義廉恥的時代價值就是重視道德的當代價值，我們不僅要以忠孝仁愛之內在心性道德去立人，而且要發揚禮義廉恥之外在教化道德的治國、興國、立人作用，重溫船山的相關全面深刻論述，又使我們獲得了新的歷史認知，我們要重鑄民族文化道德之魂，以促進中華民族文化與道德的偉大復興！

（原載《船山學刊》2014 年第 3 期）

李澤厚道德觀述論

李澤厚先生是當代中國具有廣泛影響的著名哲學家、思想家，他的學術貢獻不僅體現在康德哲學、中國思想史、美學領域，而且，他的道德觀或倫理思想也有深刻而獨到的見解。

一、「自由意志」的道德本質及其心理形式

李先生認爲，道德的本質或者說人類倫理行爲的主要形式就是「自由意志」。「倫理道德的人類心理特徵，即人之所以爲人在於行動實踐中的自覺意志。」〔註1〕「自由意志：每個人自覺地、自由地作出自己的行爲決定，而不爲現象的因果規律所束縛、限制。」〔註2〕「道德正在於自己決意如此行動，從而自己負責。作爲倫理道德的核心自由意志正在於，它標誌主動選擇。不是外在的環境、條件、規範、要求，而是由自己自覺自願地選擇了、決定了自己的行爲，這就是道德。」〔註3〕這揭示了道德作爲人的「自由意志」的自覺性、主動性、主體性、選擇性、目的性。自由意志，它不表現客觀的因果，而表現爲主體的目的，這正顯示出人的崇高和人性的光輝。

自由意志或道德「其基本特徵在於：人意識到自己個體性的感性生存與群體社會性的理性要求處在尖銳的矛盾衝突之中，個體最終自覺犧牲一己的利益、權利、幸福以至生存和生命，以服從某種群體（家庭、氏族、國家、

〔註1〕李澤厚：《倫理學綱要》，北京：人民日報出版社，2010年，第64頁。
〔註2〕李澤厚：《實用理性與樂感文化》，北京：生活・讀書・新知三聯書店，2008年，第176頁。
〔註3〕李澤厚：《實用理性與樂感文化》，北京：生活・讀書・新知三聯書店，2008年，第226頁。

民族、階級、集團、宗教、文化等等）的要求、義務、指令或利益。」因此，道德不僅是超功利的，而且，「道德並非幸福」。「道德倫理、『實踐理性』與幸福、快樂、利益與個體甚或群體的經驗便無關係，而且還經常與個體的幸福、快樂、利益相敵對相衝突，並以犧牲它們而顯示自己的無比優越和無上崇高。」〔註4〕這實際上揭示了道德的另一本質即超利害性。道德在某種意義上就是或多或少地自我犧牲。這是一種典型的道義論倫理觀。為什麼稱為「自由意志」呢？是因為它是超越於利害因果的現象世界的，是人獨有的。這是一種崇高的、高於現象界的「倫理本體」。這種崇高性就在於它超越了人的經驗性的利害、快樂和幸福，超越了個體感性生命的存在。

　　道德作為人的自由意志，經過長期的「理性的凝聚」，形成了一種「理主宰欲」的人性心理能力。所謂「理性凝聚」，「其特徵則是理性對感性的行為、欲望以及生存的絕對主宰和支配」〔註5〕。這是人之為人而高於動物的崇高和偉大。這種自由意志的人性和精神能力在心理形式上體現為「理主宰欲」的理性凝聚。這種能力對人類生存延續具有根本的價值，它不依附更不低於任何外在的功過利害、成敗榮辱，而可以與宇宙自然對峙並美，「直與日月爭光可也」。只有人才會有這種自由意志，因為人不只是一個生物體，要成為一個人，必須有內在的自覺的理性品德。社會對個體行為的倫理要求，是從小起便培育用理性的自覺意識來主宰、控制、支配自己，這就是中國人講的「學做人」。這種「自由意志」即「理性的凝聚」在心理上體現為理主宰欲亦即體現為某種人的心理上的內在的自我強制。它不像法律具有某種外在的強制性，它似乎具有某種個體內在的強制，即理性對各種個體欲求從飲食男女到各種「私利」的自覺地壓倒或戰勝，使行為自覺或不自覺地符合規範。理性對感性的這種自覺地、有意識地主宰、支配，構成了道德行為的個體心理特徵。

　　那麼，這種崇高的、絕對的自由意志和內在的絕對命令是從哪裏來的呢？李先生認為，這「自由意志」不在天理，而在人心，此「心」又非神秘的感召、先驗的理性或天賜的良知，而是經歷史（就人類說）和教育（就個體說）所形成的文化心理積澱。這常常是在特定文化傳統中，經由漫長的訓練、培育、修養，才能出現的。人類總體的生存延續是康德所宣講的「應當」服從

〔註4〕李澤厚：《倫理學綱要》，北京：人民日報出版社，2010年，第11頁。
〔註5〕李澤厚：《倫理學綱要》，北京：人民日報出版社，2010年，第103頁。

的「絕對律令」或「先驗原則」的根源。因爲它代表的是人類總體的存在和利益。總之，李先生對道德及其心理本質的理論總體上可歸納爲，對道德的主體性、個體性、自律性的強調，對道德的主體自覺選擇性，自由意志的超因果性、超利害性以及理主宰欲的人性能力都給予準確論述和科學揭示。李先生這種絕對主義的道義論觀點以及「理主宰欲」的理性主義觀點都是對道德本質和心理形式的深刻洞察，在當代社會相對主義、功利主義充斥世界時，對弘揚道德的崇高性、純潔性是非常有意義的。

二、宗教性與社會性的兩種道德結構理論

雖然李先生的基本立場是堅持道德的崇高性和絕對性的，但他並不否認道德的相對性，而且認爲這種絕對性的道德心理形式恰恰是從經驗性的、相對性的社會性道德中逐步積澱而成的，「絕對」通過「相對」來構建，經驗變先驗。李先生宗教性與社會性兩種道德結構理論就是對倫理的這種絕對與相對、經驗與先驗關係的進一步拓展。李先生對宗教性道德與社會性道德提出的這種新的道德解釋概念從不同角度給出了自己的規定：「宗教性道德」是自己選擇的終極關懷和安身立命，它是個體追求的最高價值，常與信仰相關聯，好像是執行「神」（其實是人類總體）的意志。「社會性道德」則是某一個時代社會群體（民族、國家、集團、黨派）的客觀要求，而爲個體所必須履行的責任、義務，常與法律、風習、環境相關聯。前者似絕對，卻未必每一個都能履行，它有關個人修養水平。後者似相對，卻要求該群體的每個成員的堅決履行，而無關個體狀況。對個體可以有「宗教性道德」的期待，卻不可強求；對個體必須有「社會性道德」的規約，而不能例外。一個是最高綱領，一個是最低要求；一個是範導原理，一個是構造原理。〔註6〕

這段話在一定意義上說是李先生對兩種道德解釋理論給出的比較全面的規定。第一，所謂「宗教性道德」實際上是基於價值信仰和理性支持的一種個體道德，而「社會性道德」則是基於一種社會關係客觀要求的倫理規範。第二，前者具有崇高性、個體性特點，後者則是基本的、普遍的倫理要求。第三，前者是一種期待性的理想要求，後者則是一種規約性的現實規範。第四，前者是最高綱領，因此對於人和社會的道德生活具有示範引導作用，而後者則是最低要求，因此，是一種社會關係的構造性原理，是客觀社會關係

〔註6〕 李澤厚：《倫理學綱要》，北京：人民日報出版社，2010年，第 12 頁。

和倫理生活所不可缺少的。這種宗教性道德實際上是基於人類總體根本利益的理性宗教。社會性道德則是基於人類一定地域、時代、民族、國家等的現實客觀倫理要求。

李先生認為，「絕對主義倫理學，也就是我所謂的『宗教性的道德』，它把個人的『靈魂拯救』、『安身立命』即人生意義、個體價值均放置在這個絕對律令之下，取得安息、安頓、依存、寄託」〔註7〕。這種宗教性道德概念恰當地概括解釋了儒家的聖賢道德、孔顏樂處精神、大丈夫精神、浩然之氣、殺身成仁、舍生取義等儒家道德精神的純潔性和崇高性，康德之所以要仰望頭上的天空和心中的道德律，就在於這種道德律的純潔性和崇高性。李澤厚先生的兩種道德結構理論，不僅是一種橫向功能性的倫理學解釋理論，其實，它還是一種歷時性的道德類型描述理論。他有時直接以這兩種道德來指稱儒家傳統道德與現代西方道德。他說：「所謂『社會性道德』，即梁啓超在20世紀初提出的『公德』，它建立在現代法治之上（或現代法治以它為基礎），是現代生活所賴以維持的共同原則、規範、秩序、價值觀念和行為方式，它就是前面講到的自由、平等、人權、民主等等……他律性很強，是規範倫理……『宗教性道德』即梁啓超所謂的『私德』……它以情義為重，與信仰攸關，關乎個體的終極關懷或安身立命……它不是規範倫理，而是自律性極強的美德倫理，追尋的是『善』。」〔註8〕李先生的這一理論指出了傳統儒家倫理是一種私德性的宗教美德倫理，而現代西方道德則是一種社會性、普遍性的規範倫理。

現代社會性道德，是建立在現代化的工具——社會本體之上的、以個人為基地、以契約為原則的。現代社會性道德的「普遍必然性」來自現代經濟政治生活，是一種「客觀社會性」。李澤厚先生指出：「現代社會性道德以理性的、有條件的、相互報償的個人權利為基礎，傳統的宗教性道德則經常以情感的、無條件的、非互相報償的責任義務為特徵。」〔註9〕自由主義的現代西方道德是以個人與個人權利作為基本的價值前提和訴求的。在自由主義看

〔註 7〕李澤厚：《歷史本體論·己卯五說》，北京：生活·讀書·新知三聯書店，2008年，第 52 頁。

〔註 8〕李澤厚：《歷史本體論·己卯五說》，北京：生活·讀書·新知三聯書店，2008年，第 214 頁。

〔註 9〕李澤厚：《歷史本體論·己卯五說》，北京：生活·讀書·新知三聯書店，2008年，第 74 頁。

來，在個人與社會的關係中，每一個人都有其自身的獨立價值，個人並不依附於整體而存在，個人是自主自決的存在，是主體性的存在。這樣，社會就不是凌駕於個人之上的存在，而是作爲具有同等的價值、尊嚴和權利的個人出於自覺和自願結合起來生活的共同體存在。每個人都是社會的主體，都具有不可替代的內在價值，都具有不得任意、非法剝奪的社會權利。社會應尊重個人的權利，維護每個人自我實現的同等權利。李先生對這種現代性的社會性道德的特質如個人爲本、權利優先、契約原則、理性法規等的把握十分精準。在現代社會，這種社會性道德逐漸佔據統治地位，成爲現代性的重要標記之一，在中國也概莫能外。「作爲公共理性，現代社會性道德正是今天中國所迫切需要明確和建立的。」〔註 10〕似乎自由主義所倡導的自由、平等、人權、民主和與之有關的現代社會性道德，其世界普遍性正在實現。之所以能夠這樣，「我仍然接受馬克思的『經濟決定論』的講法，以爲這『緣由』和依據是現代社會經濟基礎即日益社會化的工業大生產化的產物」。人們在追求世俗性的幸福中容易形成共同的標準、尺度和重疊共識，正如今天世界上的人們大都棄油燈而用電燈一樣。社會性道德正是通過強調「人是目的」和人的權利而不斷實現和擴大這一「幸福」的，它不是以某種價值信仰爲基礎，而是以現代人的生存、生活爲根基。世俗化、普遍化的生活優先而非靈魂信仰優先使這種社會性道德具有某種普世性。

李先生在肯定以西方自由主義爲代表的現代性社會道德的普遍性、客觀性的同時，也看到了這種自由主義的現代性社會道德所帶來的負面影響：「自由主義倡導的個體自主，結果變成了個體異化。」「在文化—精神領域，以個人爲本位爲中心日益原子化的社會，帶來的是人情淡薄、人際冷漠、心理躁動、精神空虛。在衣食基本無憂的情況下，人生無目的、世界無意義，即人生意義、生活價值沒有著落，分外突出。」〔註 11〕儘管如此，李先生還是認爲，「由現代經濟生活所決定的權利優先，也就是社會性道德優先」〔註 12〕。在當代中國的現實條件下，「自由主義比社群主義在今天中國有更大的合理性」〔註 13〕。這種理論在一定歷史時期有其合理性。

〔註 10〕 李澤厚：《倫理學綱要》，北京：人民日報出版社，2010 年，第 108 頁。
〔註 11〕 李澤厚：《歷史本體論·己卯五說》，北京：生活·讀書·新知三聯書店，2008 年，第 150 頁。
〔註 12〕 李澤厚：《倫理學綱要》，北京：人民日報出版社，2010 年，第 114 頁。
〔註 13〕 李澤厚：《倫理學綱要》，北京：人民日報出版社，2010 年，第 42 頁。

　　如何處理這兩種道德的關係？從起源上來講，「宗教性道德本是一種社會性道德」〔註 14〕。以儒家禮源於俗的解釋，儒家這種宗教性道德是從世俗的社會性道德中產生的。「『宗教性道德』本來源於一定時空內的某種社會性道德，被提升為『普遍性道德』的信仰、情感的最終依託，成為敬畏崇拜的神聖對象。」這種「先驗」或「超驗」的普遍必然只是一定歷史時期的客觀社會性的經驗產物，但給經驗以權威，便成了原始的神聖。如中國傳統道德的「孝」本是一種非常經驗的人倫性道德，但卻被聖化為一種神聖性的道德，以至於「天之經也，地之義也」，要「以孝治天下」。在中國，宗教性道德與社會性道德始終沒有真正分開。儒家強調「道在倫常日用之中」，「這種『宗教性道德』實際只是在儒家『獨善其身』基礎上加以某種或神秘或超驗的解說而已」〔註 15〕。

　　但李先生同時認為，二者是有區別的，現代社會性道德本身不能也不應成為強加的宗教性道德，它不是與非理性可能相牽連的私人意識。只是要求人們共同遵奉的「公德」，而非涉及個人追求安身立命、終極關懷的「私德」。

　　自由主義和現代社會性道德所要求的只是個人履行現代生活中的最低限度的義務，遵守最低限度的公共規範和準則，它著重處理的只涉及調整人們行為的客觀規則、權益、界限、利害、衝突，與個體的靈魂拯救、終極關懷、安身立命可以無關。他認為，「宗教性道德」（私德）對「社會性道德」（公德）可以有「範導」而非「建構」的作用。用來自傳統的宗教性道德的範導指引，即孝—仁、和諧、大同理想的範導指引，可以適當建構更有中國特色的現代性社會道德，抑制爭利帶來的紛爭、不安、動蕩、利己、自私、冷漠，存留人間的溫情、溫暖和溫柔。解決好人追求生活價值、人生意義、心靈拯救、精神慰藉等等安身立命或終極關懷的問題。

　　李澤厚先生的這種宗教性與社會性的道德結構二分學說，從倫理學理論的角度看，解釋了人類道德生活中個體崇高信仰、美德、私德與社會客觀倫理生活的關係，不僅是符合歷史真實的，而且有一種內在邏輯的自洽性，人類道德確實就是個體德性、社會倫理即德與道、私德與公德的統一。從道德生活的縱向層次性上看，也確實具有一種基於價值信仰和人生觀而產生的崇

〔註 14〕 李澤厚：《倫理學綱要》，北京：人民日報出版社，2010 年，第 24 頁。
〔註 15〕 李澤厚：《歷史本體論・己卯五說》，北京：生活・讀書・新知三聯書店，2008年，第 58 頁。

高私德如中國的聖賢倫理、基督教倫理，但也確實存在一種基於客觀社會關係，協調人際、維持基本社會生活的基本規範或如某些學者所言的「底線倫理」，因此，李先生這種道德結構二分學說對於我們理解道德生活和要求的類型性、層次性是有啓發的。更重要的是，這種理論還以時空的歷時性和共時性解釋了古今中外的道德文化歷史類型。這種學說是基本符合當代社會趨勢和中國當代社會的實際的。全球經濟的一體化，西方價值觀、道德觀的長期滲透使我們不可能再全面回到中國傳統社會基於精英思維的儒家生活世界和倫理生活中去了，因為時代變了，社會生活的客觀情勢已經變了。但儒家德性傳統卻可以作為中國本土的宗教性道德文化傳統，對當代中國人的道德生活發揮範導甚至是提升的作用，解決中國人為什麼活著？做什麼樣的人？如何安身立命的問題。所以，李氏的道德結構二分說不僅具有重要的倫理學的創新意義，而且，對於理解當代中國與世界的倫理生活與道德建設具有很強的現實啓迪。

三、情理交融一體的道德主體心理基礎理論

李先生提出了宗教性與社會性兩種道德的結構理論，那麼，這兩種道德相區分的根據是什麼呢？李先生認為，這與「情—理」問題有關。「現代社會性道德主要是一種理性規定，宗教性道德則無論中外，都與有一定情感緊相聯繫的信仰、觀念相關。」〔註16〕這實際上是其道德主體心理基礎理論，也是對其外顯的道德結構理論的更進一步的深入分析。在西方文化中，理性與非理性，二者既可同時並存，又可分途發展，理性與情感在西方文化中都有充分的發展空間。而中國文化和倫理，則是「理性與情慾沒有分家，常常交融混同，合二而一。甚至在日常語言中，情理也總連在一起作為標準，以判斷人的行為、活動，如合情合理、合乎情理、心安理得，等等。它（情理的統一和諧）既是認識論（實用理性）也是倫理學（巫史傳統）的準則」〔註17〕。雖然道德是建立在一種「理性凝聚」的基礎上的，但在中國，似乎更加重視情，「『道由情出』（郭店）、『惻隱之心』（孟子），都將『情』作為某種根本或出發點。」據此，李先生提出了「情本體」和「情理交融」學說。李先生認為道德的基礎就在於一種以人為本的情理交融。「道德倫理雖以理性凝聚的心

〔註16〕李澤厚：《倫理學綱要》，北京：人民日報出版社，2010年，第49頁。
〔註17〕李澤厚：《倫理學綱要》，北京：人民日報出版社，2010年，第51～52頁。

理形式即以理性認知主宰情慾來決定行為，卻仍然需要某種情感信仰來支持。」〔註 18〕那麼，這種「情本體」的「情」到底是何物呢？李先生很好地論述了這種道德情感之不同於自然情感的情理交融的特點，也就是說「道德情感」實際上是一種理性情感。「道德感情，就如康德所說，不是同情、憐憫、愛或『惻隱之心』，而只是『敬重』。同情、憐憫、愛或『惻隱之心』都與動物本能性的苦樂感受有直接或間接的關聯，『敬重』卻是一種與動物本能毫無關聯而為人類所特有的情感。這是一種由理性（即經理知確認）出發而產生的情感……它不是自然好惡，而是有意識的理性感情。」〔註 19〕在筆者看來，道德心理一定是一種理中有情、情中有理的情理交融的情理精神。就以中國傳統道德為例，仁一方面產生於孝愛親人的經驗性情感，一方面產生於人作為同類的「惻隱之心」，這是仁之為德的情感動因，而仁愛是「等差之愛」，這又體現出仁的別異、親疏、節制等理性因素。因此，筆者曾撰文指出中國文化和道德的特質就在於一種「情理精神」。道德不僅包括「我必須」的理性力量，而且，包括「我樂意」的情感因素，這種情理精神才是符合生活常情的。李先生提醒人們「要注意區分理性與情感、公共道德與個人修養，雖照顧情理交融的傳統，但決不使其淹沒一切，泛濫無歸」〔註 20〕。不論其得失短長，李先生對這種中西道德文化情理結構的差異所做的分析比較，從認知的角度有助於我們把握中國的道德文化國情和中國傳統倫理學的特質，具有很高的認識價值。「中國傳統倫理學建立在動物情感『人化』的基礎上，將自然情感理性化，理性化就是人類能夠運用一套理性的觀念、理性的思想來『命名』即管轄人的情感。這是『禮』的形成，而這也就是倫理。慢慢使它由一種外在的規範變為內在的自覺，就是道德。」〔註 21〕這段話準確描述和概括了中國傳統道德文化的形成過程和中國傳統倫理學的基本思考方式。

（原載《社會科學戰線》2012 年第 10 期）

〔註 18〕 李澤厚：《倫理學綱要》，北京：人民日報出版社，2010 年，第 81 頁。
〔註 19〕 李澤厚：《倫理學綱要》，北京：人民日報出版社，2010 年，第 74 頁。
〔註 20〕 李澤厚：《歷史本體論・己卯五說》，北京：生活・讀書・新知三聯書店，2008 年，第 283 頁。
〔註 21〕 李澤厚、劉緒源：《談中國哲學登場了——李澤厚 2010 年談話錄》，上海：上海譯文出版社，2011 年，第 109 頁。